淄博

革命文物

解读与探究

● 孙宜 著

中国文史出版社
CHINA CULTURAL AND HISTORICAL PRESS

图书在版编目（CIP）数据

淄博革命文物解读与探究／孙宜著. -- 北京：中国文史出版社，2022.9

ISBN 978 - 7 - 5205 - 3662 - 2

Ⅰ.①淄… Ⅱ.①孙… Ⅲ.①革命文物—研究—淄博 Ⅳ.①K872.523

中国版本图书馆 CIP 数据核字（2022）第 164705 号

责任编辑：金　硕　胡福星

出版发行：**中国文史出版社**

社　　址：北京市海淀区西八里庄路 69 号院　　邮编：100142

电　　话：010 - 81136606　81136602　81136603　81136605（发行部）

传　　真：010 - 81136655

印　　装：山东星海彩印有限公司

经　　销：全国新华书店

开　　本：787 毫米×1092 毫米　　　　1/16

印　　张：15.5

字　　数：215 千字

版　　次：2022 年 9 月北京第 1 版

印　　次：2022 年 9 月第 1 次印刷

定　　价：59.00 元

黑铁山上红旗飘(油画)

"生命之源"太河水库大会战（油画）

目录
MULU

绪论 ……………………………………………………………………………… 1

上篇 不可移动革命文物

淄博市不可移动革命文物分布图 …………………………………… 11

山东省第一批不可移动革命文物名录淄博部分 ………………… 12

第一章 省级文物保护单位 ………………………………………… 16

　　1. 中华民族解放先锋队博山联络处旧址 ……………………… 16

　　2. 河东惨案纪念地 ……………………………………………… 20

第二章 市级文物保护单位 ………………………………………… 23

　　1. 南庙大罢工旧址（马家文昌阁） ………………………… 23

　　2. 刘家台中共博山县委旧址 ………………………………… 27

　　3. 韩子恒烈士墓 ……………………………………………… 30

第三章 县级文物保护单位 ………………………………………… 35

　　1. 山东矿业工会淄博部旧址（马家庄淄博矿业工会旧址） …… 35

　　2. 岳家庄伏击战遗址 ………………………………………… 38

　　3. 万祥山革命纪念地 ………………………………………… 43

第四章　未定级文物保护单位 …………………………………… 46

　　1. 中共淄博支部旧址 ………………………………… 46

　　2. 中共张店车站支部旧址 …………………………… 49

　　3. 中共洪沟支部旧址 ………………………………… 54

　　4. 谦益祥惨案旧址 …………………………………… 57

下篇　可移动革命文物

山东省第一批可移动革命文物名录淄博部分 ………………… 61

第一章　一级文物 ………………………………………………… 63

　　1. 马耀南日记 ………………………………………… 63

　　2. "一门忠烈"木匾 ………………………………… 70

　　3.《山东劳动周刊》第一号 ………………………… 74

第二章　三级文物 ………………………………………………… 83

　　1. 抗日战争时期张仲甫使用的铁文件盒 …………… 83

　　2. 抗日战争时期景晓村政委办公用的铁豆油灯 …… 86

　　3. 抗日战争时期烈士郯振民使用的铁墨盒 ………… 90

　　4. 1943年群众报社编印《整风参考资料第一集》 … 93

　　5. 1951年曹子任抗美援朝纪念章 …………………… 96

第三章　一般文物 ………………………………………………… 101

　　1. 邓恩铭在淄博做地下工作时使用的墨盒 ………… 101

　　2. 集成石印局石板 …………………………………… 106

　　3. 黑铁山起义歌歌词 ………………………………… 110

　　4. 抗日战争时期渤海军区司令员杨国夫使用的手枪 ………… 117

第四章　未定级文物 ………………… 121

1. 1928 年淄矿工人俱乐部《泣告父老书》（复制品）………… 121

2. 1980 年革命回忆录《铁山党组织的起源和经过》………… 126

3. 蒋西鲁的档案 ………………… 130

4. 张敬焘使用过的酒壶 ………………… 134

5. 廖容标使用过的公文包 ………………… 138

6. 李人凤印章 ………………… 143

7. 抗日战争时期胶济大队政委陈凤久同志照片 ………… 147

8. 吕乙亭照片 ………………… 153

9. 1941 年池上甘泉庙伏击战中八路军战士刘持任刺杀驻池上村

　　日寇分队长的刺刀 ………………… 157

10. 北海银行货币 ………………… 161

11. 张浩传递情报的皮夹 ………………… 165

12. 铁炉炉门 ………………… 168

13. 马立训照片 ………………… 172

14. 1942 年做手榴弹用的木范 ………………… 176

15. 1946 年陈延浩使用的军用马背袋 ………… 179

16. 铁质大刀 ………………… 182

17. 解放战争时期陈毅使用的木床 ………………… 188

18. 解放战争支前鞋底 ………………… 194

19. 土改后的土地房产所有证存根 ………………… 198

20. 公元 20 世纪淄博洪山煤矿五四采煤队奖旗 ………… 203

21. 1955 年淄博工矿区改为淄博市的通知 ………… 207

22. 焦裕禄在兰考期间坐过的藤椅 ………… 211

23. 1991 年中共淄博市委表彰党建工作先进单位、先进党支部、
　　 优秀共产党员、优秀党务工作者的文件 ·············· 219

24. 淄博市粮食局革命委员会关于胜利炼油厂粮食定量供应情况
　　 和意见的报告 ·············· 222

25. 现代京剧《红嫂》1964 年进京参加京剧现代戏观摩演出大会
　　 纪念证书 ·············· 226

26. "泰山车" ·············· 229

27. 有关周村股份制改革的报纸 ·············· 233

28. 朱彦夫日记手稿 ·············· 238

绪　论

　　淄博地区物产丰富，人杰地灵。几千年来，无数先民在这里辛勤劳作，留下了灿烂的文明。齐文化、陶瓷文化、琉璃文化、聊斋文化……一系列骄人的成就点缀了古代淄博，使之成为齐鲁大地上的一颗璀璨明珠。

　　近代以来，德、日等列强先后染指淄博，掠夺这里的煤炭、铝土等资源。淄博也在列强的枪炮下，以这种沉重的方式完成了向近代的蜕变。

　　但自强不息始终是淄博人民的符号，追求民族独立的旗帜始终在这里高高飘扬。红色是近代淄博最具光芒的颜色，红色传统赋予了淄博光辉的历程。中国共产党诞生后不久，山东党组织的领导人王尽美、邓恩铭就多次来到淄博，将马克思主义的火种传播到炭矿工人之中。"中国劳动运动之曙光""山东劳动界空前之盛举"等响亮的称号让淄博在工人运动史上留下了浓墨重彩的一笔。中共淄博支部——山东第二个直属中央领导的支部的诞生就是这一时期最为生动的注脚。

　　大革命和土地革命时期，淄博的革命运动在中共中央、山东省委的领导下得到进一步发展。各地的党组织在被破坏后又恢复重建，同当地人民一起与反动势力进行斗争。

　　1937 年以后，日本侵略者疯狂地开始了全面侵华。在淄博的博山谦益祥、张店铁山、淄川河东等地，对手无寸铁的老百姓犯下了滔天罪行。在暴力与罪恶面前，淄博人民没有退缩，抗日斗志被进一步激发出来。

博山、张店、临淄等地的抗日队伍不断涌现，黑铁山上的红旗高高飘扬。作为山东省最早开展抗日武装斗争的地区之一，淄博谱写了抗战史上的重要篇章。

解放战争时期，陈毅、粟裕所率领的华东野战军曾在此整军。淄博百姓积极拥军，极大支援了解放战争，在人民解放军历史上传为佳话。

新中国成立之后，为了保卫新生人民政权，淄博儿女积极投入到土地改革、抗美援朝等事业中，为新中国的稳定做出了巨大贡献。

中国人民在党的领导下站起来之后，为了进一步实现国家富起来、强起来的伟大飞跃，淄博继续发扬革命时期的红色精神，将干劲投入到铝土、煤炭、石油、纺织等各个战线，填补了许多行业空白，创下了多项纪录，也涌现出了一批批模范人物。

不难看出，淄博是一座有着光荣革命传统的城市，具有丰富的红色资源，留下了宝贵的革命文物。这些革命文物事关淄博的过去和现在，更事关淄博的未来。保护好利用好宣传好这些革命文物十分必要。因此，挖掘这些革命文物的历史内涵，做好相关研究，为进一步的保护、开发、宣传提供科学的资料，不仅是文博工作的大事，更是全社会的共同期待。

一、革命文物、红色遗产及相关概念辨析

1950 年，新中国在筹建革命博物馆的时候发布《征集革命文物令》，"革命文物"的概念开始在官方文件中出现。但关于革命文物的内涵，特别是其时间跨度、类别等，学术界几无定论。

学术上的争论有其特殊的性质，有些观点并不成熟也并不绝对，不一定适用于具体的实际工作。因而在日常的文博工作中，使用广义上的、涵盖对象更多的革命文物概念也比较多。如在 2018 年国家文物局印发的《关于报送革命文物名录的通知》中，就如此规定革命文物：

"革命文物主要是指见证近代以来中国人民抵御外来侵略、维护国家主权、捍卫民族独立和争取人民自由的英勇斗争，见证中国共产党领导

中国人民进行新民主主义革命和社会主义革命的光荣历史，并经认定登记的实物遗存。对社会主义建设和改革时期彰显革命精神、继承革命文化的实物遗存，也纳入革命文物范畴。"

再如中国国家博物馆把 1841 年清军在虎门炮台抗击英军时使用的火药缸、1912 年清朝宣统皇帝溥仪的退位诏书也纳入革命文物的范畴。

本书收录的革命文物，是中国共产党领导人民进行革命、建设、改革以及新时代征程的实物遗存。它们见证了中国共产党带领人民争取民族独立，走向国家富强的完整过程。

需要注意的是，"革命文物"又与"红色遗产""红色文化遗产"等概念有所相似之处。比如二者所指代的对象都是与中国共产党有关，同样在时间跨度上有所争议。但二者还是存在一定区别的。比如"遗产"并不等同于"文物"，二者在时间范围、历史价值等方面有所差异。也就是说，红色遗产的内涵和外延上要广于革命文物，有些物品可归为红色遗产，但并不能算严格意义上的"文物"，要归在革命文物内就需进一步探讨。

红色是中国共产党领导的革命斗争的典型符号。如红军、红旗、红区等，分别指中国共产党领导的工农武装、革命旗帜、革命政权。

习近平总书记也曾指出："要把红色资源作为坚定理想信念、加强党性修养的生动教材，讲好党的故事、革命的故事、根据地的故事、英雄和烈士的故事，加强革命传统教育、爱国主义教育、青少年思想道德教育，把红色基因传承好，确保红色江山永不变色。"[1]

至于红色遗产的概念，现在多就"历史上遗留下来的、与中国共产党有关的实物"达成共识，但学界又多对其时间跨度和内涵上有所争议。

如刘洁莹、朱蓉认为："红色遗产是指在中国共产党成立至中华人民共和国成立的历史时期内，一切承载红色革命文化的建筑遗产，具有极

---

[1]习近平：《用好红色资源传承好红色基因，把红色江山世世代代传下去》，《求是》，2021 年第 10 期。

高的历史文化价值和重要的应用价值。"① 再如廖勇认为："红色文化遗产是指从中国共产党成立至解放前夕 28 年的历史阶段内，包括中央革命根据地、红军长征、抗日战争、解放战争时期的重要革命纪念地、纪念馆、纪念物及其所承载的革命精神。"② 这种观点将包含的对象从建筑扩大到了物品和精神。而魏子元则认为："红色文化遗产是由中国共产党人领导各界人民在新民主主义时期及社会主义建设初期共同创造的一种文化遗产，既包括革命、建设以来的遗物、遗址、遗迹、纪念碑、纪念地等物质性遗产也包括在这一过程中所形成的信仰、知识、精神、价值、道德等精神（非物质）遗产。其上限起于新民主主义革命和中国共产党的成立，下限到社会主义建设初期，即 1978 年改革开放以前。"③ 这代表了另一种比较有分量的观点，即把新中国成立之后的内容也涵盖进去。持此观点的研究并不少，如朱文等就把新中国成立后的兵团建设相关内容列入了"兵团红色遗产"④。

还需要指出的是，"红色遗产"多与"红色文化遗产"混用。如上引廖勇的文章，其以"简论红色遗产的功能与价值"为题，在阐释定义的时候却表述为"红色文化遗产"，诸如此类还有很多，此不一一列举。

我们认为，这种情况可能是没有权威概念导致的。"红色文化遗产"这一说法最早出现在《2011—2015 年全国红色旅游发展规划纲要》中，《规划》指出要尽快建立"红色文化遗产"保护体系，但其中并没有对"红色文化遗产"的概念作出明确的界定。"红色遗产"同样是这种情况，因此二者不仅在范围上有所争议，在使用情况上也出现了混乱。

---

① 刘洁莹，朱蓉：《组合旅游模式下无锡红色遗产的保护设计研究》，《设计艺术研究》2021 年第 2 期。

② 廖勇：《简论红色遗产的功能与价值》，《文化产业》2014 年第 5 期。

③ 魏子元：《红色文化遗产的相关概念与类型》，《中国文物科学研究》2020 年第 1 期。

④ 朱文：《兵团红色遗产价值探析》，《新疆社科论坛》2019 年第 6 期。

在一定意义上,"红色遗产"等同于"红色文化遗产"。从世界遗产的角度来讲,遗产可以分为文化遗产、自然遗产以及和文化与自然双重遗产。红色遗产本身就代表着中国共产党的文化印记,因此不需要额外强调文化属性。所以本书使用"红色遗产"的概念。

实际上,在文件表述和行政部门中,"革命文物"出现的频率要更高。如2018年,中共中央办公厅、国务院办公厅印发的《关于实施革命文物保护利用工程(2018—2022年)的意见》;2019年山东省印发的《山东省革命文物保护利用工程实施意见》;2020年山东省文化和旅游厅公布的第一批山东省革命文物名录等。再就是机构职能设置,近年来,国家文物局设立了革命文物司,山东省文化和旅游厅成立了革命文物处等。

而"红色"说法则更具亲和力,其表述更贴近人民大众。故在社会宣传、文旅融合、乡村振兴等方面更多使用。如2021年山东省人民政府办公厅印发的《关于进一步加强文物保护利用工作的若干措施》中提出的实施《山东省红色文化保护传承条例》,每年开展山东省"红色文化主题月"活动等。就淄博而言,张店区华润社区、桓台县云涛社区、周村区朝阳社区、临淄区邹阳里社区、沂源县城西社区等也都成立了红色驿站,拉近了社区工作与人民群众的距离。

此外,在一些地方立法当中,还有"红色文化遗存""红色资源"等表述。如:龙岩市人大常委会在2017年9月通过的《龙岩市红色文化遗存保护条例》,界定立法对象为"新民主主义革命时期,中国共产党团结带领各族人民进行革命活动所遗留的,具有纪念、教育意义或者史料价值的遗址、遗迹和实物",并具体列举重要会议旧址、著名人物故居、重要战斗遗址遗迹等五类。

汕尾市在制定《汕尾市革命老区红色资源保护条例》时,作出了"在海陆丰革命老区传播马克思列宁主义和中国共产党领导人民进行革命斗争留存下来的旧址、遗址、遗迹、文献资料和可移动实物,以及与新民主主义革命有关的纪念设施"的规定,并对红色资源进行列举。

二、研究现状与研究意义

革命文物、红色遗产等尽管表述不同，指代范围也有所差异。但其相当一部分内容，特别是比较重点的存在一定重合。所以在阐述背景的时候，不能仅从概念出发就将其简单的割裂出来。

近年来，国家对革命文物的重视日益提高。相关成果也如雨后春笋般不断出现。

因革命文物，特别是其历史价值存在一定的地域特色，各地成果也都是从区域视角而言。以淄博地区为例，淄博市博物总馆的谭秀柯先生所著《淄博革命文物保护与利用研究》① 是山东省内第一部以区域革命文物为视角的著作，该书介绍了淄博市革命文物保护与利用现状，总结了淄博市在革命文物保护利用工作的经验，并进一步提出其中存在的问题，提出加强保护利用的建议和措施。

其他方面，淄博各级文物部门所整理和出版的文物资料，如《淄博历史文化遗产博览》②《张店文物古迹精粹》《淄川文化遗产》③《临淄文物志》④《周村历史文化遗产》⑤《博山历史文化遗产》等书，对馆藏的红色遗产，特别是历史时期的可移动和不可移动的文物做了一定介绍。

党史研究部门、政协等单位也对革命文物有所关注，进行了一定的资料汇编。如淄博市委党史资料征集研究委员会编著的《淄博市革命遗址普查报告》、政协淄博市委员会编写的《淄博记忆乡村》⑥ 等，注意到了相关不可移动的革命文物。

---

① 谭秀柯：《淄博革命文物保护与利用研究》，北京：中国文史出版社，2021 年。
② 岳长志等：《淄博历史文化遗产博览》，北京：中国古籍文物出版社，2011 年。
③ 蔺开庆、唐加福：《淄川文化遗产》，济南：齐鲁书社，2013 年。
④ 淄博市临淄区文物管理局：《临淄文物志》，北京：文物出版社，2015 年。
⑤ 周村区文化新闻出版局：《周村历史文化遗产》，济南：山东友谊出版社，2013 年。
⑥ 政协淄博市委员会：《淄博记忆乡村》，济南：山东人民出版社，2017 年。

宣传部门的关注点则在于传播性,如淄博市委宣传部整理出版了《淄博红色故事》,将图片史料与淄博地区流传的红色革命故事相结合。

博物馆、展览馆等单位,也开始利用革命文物进行展览。有些是以行业发展为线索,如2021年中共山东省委党校、淄博市委等在博山区颜神古镇举办的"百年之光——党领导中国(淄博)工业百年"主题展。还有的直接以革命文物为主题专题,如2022年中共淄博市委宣传部、淄博市委市直机关工委、淄博市文化和旅游局等在淄博市博物馆举办的"红色淄博——淄博市博物馆馆藏革命文物展"。

以上可见淄博革命文物的研究与应用已经达到了一个新的高度。但不能忽视的是,目前的研究基于宏观层次的多,在具体的历史挖掘上还不是很充分,存在着权威性不够,覆盖面不强,影响力不大等诸多情况。在上述所出版的著作中,多是从宏观角度探索革命文物的保存现状和旅游开发方面的内容,而缺乏具体史实的整理串联和开发。

革命文物,特别是可移动的革命文物,不同于古代不计成本制作出来的精美文物,许多都是日常生活中的普通物品。这些内容在展陈过程中,特别是在展陈条件有限辅助设施有限的情况下,如果没有很好的点明或者突出,那么在宣教方面难以达到预期的效果,其对观众的启迪作用和感染力会大打折扣。可移动的革命文物能从普通物品中脱颖而出,其伟大价值就在于蕴含的人物历史事件。因此,探究和挖掘这些革命文物背后的历史厚重积淀,对激发人们心中的情感,实现精神升华,为日后展览提高展示教育内容的可信度、感染力十分有必要。

基于此,本书从淄博地区现存的不可移动革命文物和淄博市博物馆等单位馆藏的可移动革命文物入手,精选有代表性的、展教效果好的部分,对其蕴含的历史背景、价值意义等进行深入剖析,首次公开了不少珍贵革命文物的数据、图片、分布等信息,通过对其深度解读与探究,将博物馆、展览馆展陈与党史教育建立起有机联系。此举在淄博地区尚属首例,将为后续博物馆展览宣教,中小学校校本课程、淄博特色党史学习教育等提供丰富素材。同时为增强学术著作的可读性和亲和力,本

书部分章节邀请插画师孙肯创作了主题油画,为体现淄博红色特色,讲好淄博红色故事提供了新的思路。

上篇
不可移动革命文物

不可移动文物指有别于可移动文物的遗址、旧址、建筑等遗存，其视觉上要比常规的可移动文物体型大，在展陈实践中难以自由移动组合，多以照片图片或者背景的形式出现。淄博辖区内不可移动文物丰富，按分类有古遗址、古墓葬、古建筑、石窟寺及石刻等。

不可移动革命文物并没有单独分类，多被归在"近代现代重要史迹和代表性建筑"一类。2015年，时值中国人民抗日战争暨世界反法西斯战争胜利70周年，山东省公布的第五批省级文物保护单位中，新增了"抗战遗址、纪念设施"一类共77处，突出了抗战文物保护要求。这与革命文物的内涵有一定的重合之处。

按级别，不可移动文物又可分为全国重点文物保护单位、省级文物保护单位、市级文物保护单位、县级文物保护单位以及未定级文物保护单位。目前淄博现存的不可移动革命文物中，除了古建筑、名人旧居之类比较直观遗留较多的内容在定级中级别较高外，大多仅为纪念性的旧址，在定级中受资料和现状的影响并没有很突出。

本篇精选史料价值比较丰富的不可移动革命文物予以解读探究，并不拘泥于文物保护单位的级别。部分文物保护单位如马鞍山抗日遗址、华东野战军前委扩大会议旧址等，其本身或者附属建筑属于省级文物保护单位甚至全国重点文物保护单位，也保留下来部分重要的可移动文物。考虑到日常宣教，特别是展陈工作的实际，此类内容归到下篇的可移动革命文物中为宜。本书所选用的文物名称皆来自收藏单位的登记账本或文物部门备案信息，未做处理。

淄博市不可移动革命文物分布图

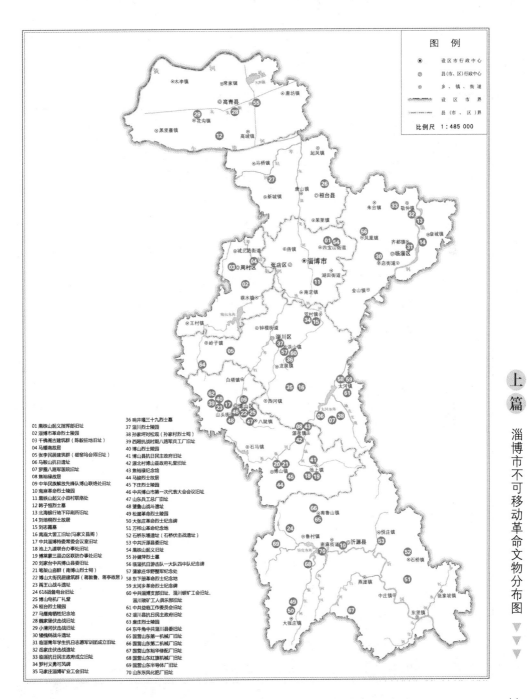

01 黑铁山起义指挥部旧址
02 淄博市革命烈士陵园
03 千佛阁古建筑群（陈毅驻地旧址）
04 马耀南故居
05 张季民居建筑群（磁坞玲会师旧址）
06 马鞍山抗日遗址
07 罗圈峪八路军医院旧址
08 焦裕禄故居
09 中华民族解放先锋队博山联络处旧址
10 南岳革命烈士陵园
11 黑铁山起义小田村联络处
12 韩子恒烈士墓
13 北海银行地下印刷所旧址
14 刘炯楠殉土故居
15 刘斋墓
16 南庶大栗工旧址（马家文昌阁）
17 中共淄博特委常委会旧址
18 池上九道峪合办事处旧址
19 博莱章三边区农防办事处旧址
20 刘家台中共博山县委旧址
21 笔架山庙群（南博山烈士祠）
22 博山大街民居建筑群（蒋敔鲁、蒋亭故居）
23 禹王山战斗遗址
24 618战路电台旧址
25 博山电机厂"礼堂"
26 桓台烈士陵园
27 马耀南牺牲纪念地
28 魏家堡伏击战旧址
29 小青河伏击战旧址
30 矮梧树战斗遗址
31 临淄青年学生抗日志愿军训团成立旧址
32 岳家庄伏击战遗址
33 临淄抗日民主政府成立旧址
34 罗村义勇可冈碑
35 马家庄淄博矿业工会旧址
36 响井塆三十九烈士墓
37 淄川烈士陵园
38 孙家坪对松坝（孙家村烈士祠）
39 西朋抗战时期八路军兵工厂旧址
40 博山烈士陵园
41 博山县抗日民主政府旧址
42 源北村博山县政府礼堂旧址
43 焦裕禄纪念馆
44 马骏烈士故居
45 下王庄烈士陵园
46 中共博山市第一次代表大会会议旧址
47 山东工总厂旧址
48 望鲁山战斗遗址
49 松庙革命烈士陵园
50 大张庄革命烈士纪念碑
51 万桥山革命纪念地
52 石桥东塘遗址（石桥伏击战遗址）
53 中共沂源县委旧址
54 黑铁山起义旧址
55 孙健烈士墓
56 淄博山日游击队一大队四中队纪念碑
57 蒲家庄华野整军记旧址
58 东下册革命烈士纪念地
59 太河乡革命烈士陵园
60 中共淄博支部旧址、淄川碳矿工会旧址、
   淄川碳矿工人俱乐部旧址
61 中共益临工作委员会旧址
62 淄川县抗日政府旧址
63 唐庄烈士陵园
64 东牛角中共淄川县委旧址
65 国营山东第一机械厂旧址
66 国营山东第二机械厂旧址
67 国营山东裕华修配厂旧址
68 国营山东红旗机械厂旧址
69 国营山东半导体厂旧址
70 山东东风化肥厂旧址

山东省第一批不可移动革命文物名录淄博部分

(山东省文化和旅游厅 2020 年 12 月 31 日公布)

共 70 处，其中省级文物保护单位 10 处，市级文物保护单位 15 处，县级文物保护单位 28 处，未定级 17 处。

序号	名　称	级别	地　址
1	黑铁山起义指挥部旧址	省级	高新区卫固镇太平村西南
2	淄博市革命烈士陵园	省级	周村区孟仁路南
3	千佛阁古建筑群（陈毅驻地旧址）	省级	周村区千佛阁社区
4	马耀南故居	省级	周村区北郊镇北旺村
5	张李民居建筑群（磁窑坞会师旧址）	省级	淄川区磁村镇张李村
6	马鞍山抗日遗址	省级	淄川区淄河镇东石门村南马鞍山上
7	罗圈八路军医院旧址	省级	淄川区太河镇罗圈村
8	焦裕禄故居	省级	博山区源泉镇北崮山村
9	中华民族解放先锋队博山联络处旧址	省级	博山区大街街道办事处报恩寺街
10	南麻革命烈士陵园	省级	沂源县历山街道办振兴路与陵南路交汇处
11	黑铁山起义小田村联络处	市级	经开区傅家镇小田村西
12	韩子恒烈士墓	市级	高青县花沟镇西口村北 400 米
13	北海银行地下印刷所旧址	市级	临淄区皇城镇许家庄村
14	刘培桐烈士故居	市级	临淄区齐都镇小刘家村
15	刘志霞墓	市级	淄川区罗村镇罗村庄东
16	南庙大罢工旧址（马家文昌阁）	市级	淄川区洪山镇马家村南部
17	中共淄博特委常委会议室旧址	市级	博山区城西街道办事处
18	池上九道联合办事处旧址	市级	博山区池上镇政府西南
19	博莱蒙三县边区联防办事处旧址	市级	博山区池上镇上郝峪村大桥南
20	刘家台中共博山县委旧址	市级	博山区博山镇刘家台村

续表

序号	名　称	级别	地　址
21	笔架山庙群（南博山烈士祠）	市级	博山区博山镇南博山东村
22	博山大街民居建筑群（蒋敦鲁、蒋亭故居）	市级	博山区城里报恩寺街 14 号
23	禹王山战斗遗址	市级	博山区域城镇岭西村禹王山
24	618 战备电台旧址	市级	沂源县鲁村镇峨峪村西
25	博山电机厂礼堂	市级	博山区城西办事处四十亩地电机厂宿舍区内
26	桓台烈士陵园	县级	桓台县索镇乡张桥村西
27	马耀南牺牲纪念地	县级	桓台县田庄镇大寨村
28	魏家堡伏击战旧址	县级	高青县芦湖社区魏堡村东南部
29	小清河伏击战旧址	县级	高青县花沟镇小清河陈庄村至曹坡村段
30	矮槐树战斗遗址	县级	临淄区临淄区矮槐树村
31	临淄青年学生抗日志愿军训团成立旧址	县级	临淄区齐都镇西关北村
32	岳家庄伏击战遗址	县级	临淄区敬仲镇岳家庄村岳家公交站
33	临淄抗日民主政府成立旧址	县级	临淄区朱台镇大夫店村
34	罗村义勇可风碑	县级	淄川区罗村镇罗村庄东
35	马家庄淄博矿业工会旧址	县级	淄川区洪山镇马家庄村委大院内
36	响井堰三十九烈士墓	县级	淄川区龙泉镇龙一村西北
37	淄川烈士陵园	县级	淄川区般阳街道办事处东关社区东 500 米处
38	孙家坪对松观（孙家村烈士祠）	县级	淄川区太河镇孙家坪村对松观内
39	西厢抗战时期八路军兵工厂旧址	县级	博山区开发区西厢村
40	博山烈士陵园	县级	博山区域城镇西域城村西
41	博山县抗日民主政府旧址	县级	博山区池上镇李家村

序号	名　　称	级别	地　　址
42	源北村博山县政府礼堂旧址	县级	博山区源泉镇源泉村
43	焦裕禄纪念馆	县级	博山区崮山镇北崮山村公路旁
44	马骏烈士故居	县级	博山区博山镇青杨杭村
45	下庄烈士陵园	县级	博山区南博山镇下庄村西
46	中共博山市第一次代表大会会议旧址	县级	博山区中心路与峨嵋山路交叉口东南 100 米博山印刷厂内原基督教堂
47	山东兵工总厂旧址	县级	博山区石炭坞文姜路 417 号
48	望鲁山战斗遗址	县级	博山区樵前岭村
49	松崮革命烈士陵园	县级	沂源县大张庄镇松崮村北
50	大张庄革命烈士纪念碑	县级	沂源县大张庄镇南村南
51	万祥山革命纪念地	县级	沂源县石桥镇后大泉村东
52	石桥东墁遗址（石桥伏击战遗址）	县级	沂源县石桥镇石桥村
53	中共沂源县委旧址	县级	沂源县悦庄镇北张良村中心
54	黑铁山起义旧址	未定级	高新区卫固镇太平村东部
55	孙健萍烈士墓	未定级	高青县唐坊镇元河村东北 100 米
56	临淄抗日游击队一大队四中队纪念碑	未定级	临淄区凤凰镇
57	蒲家庄华野整军纪念处	未定级	淄川区洪山镇蒲家庄村中
58	东下册革命烈士纪念地	未定级	淄川区太河乡东下册村西南 100 米处
59	太河乡革命烈士纪念碑	未定级	淄川区太河乡东下册村东南 1000 米处
60	中共淄博支部旧址、淄川炭矿工会旧址、淄川炭矿工人俱乐部旧址	未定级	淄川区洪山镇大街社区
61	中共益临工作委员会旧址	未定级	淄川区太河镇齐山景区（辛庄村东部山坡上）

续表

序号	名　称	级别	地　址
62	淄川县抗日民主政府旧址	未定级	博山区域城镇镇门峪村
63	唐庄烈士陵园	未定级	沂源县西里镇唐庄村西
64	东牛角中共淄川县委旧址	未定级	淄川区岭子镇东牛角村
65	国营山东第一机械厂旧址	未定级	沂源县南鲁山镇黄崖村、池埠村、朱阿村、水么头村
66	国营山东第二机械厂旧址	未定级	沂源县南鲁山镇左家峪村、上土门村、刘家洞村
67	国营山东裕华修配厂旧址	未定级	沂源县西里镇裕华村
68	国营山东红旗机械厂旧址	未定级	沂源县南麻街道沟泉村
69	国营山东半导体厂旧址	未定级	沂源县鲁村镇杨庄村
70	山东东风化肥厂旧址	未定级	沂源县南麻街道永兴官庄村

第一章　省级文物保护单位

1. 中华民族解放先锋队博山联络处旧址

文物名称：中华民族解放先锋队博山联络处旧址

地理位置：博山区大街街道办事处报恩寺街

保护范围：以大门中心为基点，向东 20 米，向西 30 米，向南 10
　　　　　米，向北 20 米

1935 年，国际形势出现了急剧变化，法西斯势力蠢蠢欲动，帝国主义国家准备发动侵略战争，世界形势面临严重的危机。面对这种情况，同年 7 月，共产国际七大决定建立世界人民反法西斯统一战线，要求各国共产党和共青团在争取青年方面有一个根本的转变。随后召开的青年共产国际六大根据共产国际七大的精神，决定建立世界青年反法西斯统一战线，号召全世界青年为民主、自由、和平而战，并要求各国改造共青团，使之成为广大青年群众的组织。中共中央根据国内的实际情况，于 1936 年 11 月 1 日发布了《关于青年工作的决定》，决定把共青团改造成为广大青年群众的抗日救国组织。而在山东青年运动历史上，取消共青团之后，普遍建立青年救国会之前的这段时期，有一个带有过渡性质的青年组织起到了重要作用，这就是中华民族解放先锋队。1936 年 2 月 1 日，在北平师范大学召开了全国中华民族解放先锋队第一次代表大会，并制定了斗争纲领。就这样，一支由进步青年所组成的团队——中华民族解放先锋队开始在历史上崭露头角，并带领着"民先"队员不屈不挠地呐喊着。他们的事迹，如同繁星般点亮了日伪统治下阴霾的天空。这一支爱国力量也来到淄博，推动淄博的革命斗争向前发展。

1935 年 12 月 9 日，在坚持白区斗争的地下党组织的领导下，北平爆发了震惊全国的"一二·九"学生爱国运动。学生们振臂高呼"打倒日本帝国主义！""反对华北五省自治！""收复东北失地！""打倒汉奸卖国贼！""武装保卫华北！"……"一二·九"学生爱国运动序幕的拉开，使中国共产党提出的"停止内战，一致抗日"的主张成为全国人民的呼声和要求，带动了全国范围的抗日民主运动的发展，使中国革命进入了一个新时期。

在北平"一二·九"学生爱国运动的影响下，博山县城的小学教员张敬焘、蒋方宇开始进行抗日救国宣传教育活动。他们在第三短期小学办起了工农夜校，吸收附近工农群众参加。他们在教识字、学文化的时候就进行抗日救亡宣传教育，同时还举办"读书会"，组织进步青年及小学教员参加，阅读进步著作及文章。后来，参加"读书会"的人员就越来越多了。

1936年9月，在北平辅仁大学读书的博山学生王克常参加了"民先"组织。通过王克常，张敬焘、蒋方宇逐渐了解到"民先"组织。

从此，"民先"总部定期给张敬焘、蒋方宇寄发学习宣传材料。他们读后很受教育和启发，先后在教员及知识青年中吸收"民先"队员20余人。张敬焘以其父亲开办的公记银号作为联络点，与乡村小学教员中的抗日积极分子建立联系，开展抗日救亡宣传活动。

1937年1月，"民先"北平总部派巡视员杨明章借寒假之际到博山指导工作。张敬焘、蒋方宇等组织十几名"民先"队员，在报恩寺小学集会，由杨明章作了抗日救亡报告。

会后，杨明章代表总部批准建立"民先"博山县队部，受北平"民先"总部直接领导，蒋方宇任队长，张敬焘任组织部长，李钊任宣传部长，乔同恩任训练部长，云亿祥任总务秘长。县队部办公地点设在报恩寺小学。"民先"队部建立之后，队员很快发展到了30余名。

民先组成后，他们感到要掀起抗日救亡活动高潮，必须首先打击国民党的投降主义谬论，唤起群众觉悟，振奋民族精神。张敬焘他们将批判"恐日病"的壁报贴到了四城城门。这下惹火了日本人，他们把壁报拍了照，向国民党县长王荫桂提出了抗议。王令驻博山的韩复榘第三路军第二十二师的团长葛开祥查访镇压。葛派高级侦探查了三天，查到是张敬焘他们所写。有一天上午，张敬焘正在小辛庄第三短期小学写第三期壁报，突然来了一个人，要张敬焘带上壁报去见团长。张敬焘随他去后，葛去野外打野物不在团部，直到下午四点多钟才回来。张敬焘把壁报给他看，并质问道："张敬焘们批判'恐日病'，有什么罪？中国人在自己的领土上贴壁报，日本人有什么权力来干涉？"葛无言对答，就说："是王县长叫张敬焘找你来的，你去找他吧！"张敬焘又到了县政府传达室，直到晚上也没有人出来接待。原来，张敬焘父亲认为，张敬焘若被抓就丢了他的面子。他通过自己的关系进行了一番疏通，此事就不了了之了。

有一天晚上，张敬焘刚回到家，父亲把张敬焘找去。

"你要革命就先革我的命吧！"父亲大发脾气说。

"我们宣传抗日有什么不对！"张敬焘当然不服，就理直气壮地反驳道。

"你们抗什么日？是给我找麻烦，丢我的人！好吧，你革你的命去吧，咱们一刀两断，先脱离父子关系！"父亲说。

从那以后，张敬焘早出晚归，极少与父亲碰面。

1936年春，共产党员高光宇由北平回到张店，发展洪沟村高殿文、孟兆吉、孟冠军为"民先"队员。同年秋，他们随高光宇去济南参加了东北流亡学生第一八一师学兵队。1937年初，为了掀起抗日救亡运动高潮，揭露批驳国民党的投降主义谬论，唤起民众觉悟，振奋民族精神，民先博山县队部开始油印刊物，主要内容是转载民先北平总队部队刊上的部分材料和报刊新闻，在组织、宣传群众方面起到了很大的作用。

民先组织为中共博山特支在博山的重新建立，奠定了政治上、思想上和组织上的基础。广大民先队员们在艰难中寻找革命道路，无休止追求和探索光明。特支建立后，博山地区的抗日救亡运动就在党的直接领导下开始蓬勃发展。

2. 河东惨案纪念地

文物名称：河东惨案纪念地

地理位置：淄川区罗村镇河东村

保护范围：纪念碑南以纪念碑中心点为基点，向东 21 米，向西 21 米，向南 28 米，向北 25 米；发生地以大门中心点为基点，向东 15 米，向西 16 米，向南 8 米，向北 29 米

1937 年七七事变后，日本侵略者于同年 12 月 27 日侵占了淄川县城。为了迅速建立统治秩序，日军派遣汉奸走狗四处网罗地方反动势力，竭力进行欺骗宣传，开展所谓"宣抚安民"活动。

河东村是淄川罗村镇的一个较大村庄。新中国成立前，全村有 630 户人家，1700 多口人。20 世纪 20 年代末，该村村民张荣修，为了防匪保家，拉起了有封建迷信性质的组织"铁板会"，经过十多年的发展，其会员遍及河东、罗家庄、杨家寨、龙口、马尚等地。随着日本帝国主义侵略的加深，铁板会会员纷纷投入反日抗日斗争行列。1937 年底，张荣修曾先后两次应马尚村铁板会之邀，派人帮助他们攻打侵占周村的日军。因武器原始，又缺乏正确的指挥而失败。但是，此反抗之举引起了日军的特别注意，"铁板会"被日军视之为眼中钉、肉中刺。

1938 年 1 月 27 日，日军指派汉奸张克顺、维持会田某和"宣抚班"班长鲁某等三人到河东村找张荣修，企图招抚铁板会，让其投顺日军。广大群众痛恨他们为虎作伥的无耻行径，张荣修拒绝了，把三人当场拷打扣押。日军派人来交涉放人，铁板会会员声称三人已被处死。招抚阴谋的破产，使日本侵略者恼羞成怒，凶狠极恶的侵略强盗决定对河东群众实行血腥镇压。一场骇人听闻、惨绝人寰的大屠杀——河东惨案就这样发生了。

1938 年 1 月 30 日，日军头目冈奇率部队 200 多人，在汉奸李德水带领下，用骆驼载运重机枪、迫击炮气势汹汹奔袭河东而来。凌晨 4 点左右，日军控制了村外的坡坎墓田，封锁了各条街口要道，在河东村周围布下了恐怖的罗网。

当时河东村正在沉睡之中，人们做梦也没想到一场大屠杀即将来临。凌晨四时许，寄宿河东村的两个卖藕商贩（桓台县索镇人）早起赶路回家过春节，当走到村西北双塔寺时，被日军发现，开枪打死。

枪声惊醒了群众，全村顿时乱成一片。人们预感大祸临头，纷纷扶老携幼，寻找逃脱之机。有的向村外逃跑，有的躲藏在地窖、土洞里。有的躲藏在柴垛里，有的"铁板会"会员带上大刀、长矛拥到街头，准备抗敌。

早晨 7 点左右，日军向村内发炮轰击。炮轰之后，日军便闯入村里进行大屠杀。日军杀尽了村内明显的目标，又到处寻找洞窖、柴垛，搜索屠杀对象。凡被日军发现搜出的群众，或被枪杀，或被放火烧死，无一幸免。

在村内于家胡同有一个能盛下六张织布机的大地窖，于洪福、张献文、田二麻子等 6 户 32 名男女老少藏在里面避难。日军发现后，把大捆大捆的柴火点燃后塞进地窖，一直把窖口塞满。可怜这些群众上天无路，入地无门，被浓烟闷死、大火烧死。当人们收葬这批死难者时，看到的是一堆堆交错零乱的残体散骨，一堆堆胶化成块的人体组织。窖内除了9具尸体尚可勉强拼凑起来外，其他23人都已无法辨别，只好用筐把一堆堆残骨碎骸抬出，将其混合埋葬。

凶残野蛮的大屠杀一直持续到下午4点多钟，双手沾满鲜血的日本强盗才践踏着受难者的汪汪血水和累累尸骨扬长而去。

在惨绝人寰的河东惨案中，日军共屠杀村民308人，其中有42户被杀绝，另有杀伤致残者30余人，烧毁房屋2000多间，烧死大牲畜200多头。昔日家园变为废墟，幸存村民与血腥残暴的日本侵略者不共戴天。觉醒了的群众纷纷投入党的怀抱，幸存的青壮年里有100余人参加了抗日游击队。1939年中共河东村支部成立，组织开展了配合八路军掀铁路、割电线、贴标语、搞炸药等抗日救国运动，为抗日战争最后胜利做出了贡献。为不忘国耻，1996年1月，河东村投资十几万元建起了河东惨案纪念碑及烈士祠堂。2015年，河东惨案纪念地被山东省人民政府公布为第五批省级文物保护单位。

第二章　市级文物保护单位

1. 南庙大罢工旧址（马家文昌阁）

文物名称：南庙大罢工旧址（马家文昌阁）

地理位置：淄川区洪山镇马家村南部

保护范围：院墙四周外扩 20 米

第一次大革命失败以后，中国共产党面临要不要坚持革命，如何坚持革命两个根本问题。八七会议确定了实行土地革命和武装反抗国民党反对派的总方针，号召党和人民继续革命和艰苦斗争，为处在危机中的中国共产党提出了革命的方向。上级党组织加强了对淄博地方党组织的领导，掀起了淄博乃至山东革命史上一次斗争高潮，淄川炭矿工人南庙大罢工就是淄博革命斗争史上声势最大的一次罢工斗争。

南庙，位于淄川区洪山镇的西南方。在庙内的最北侧有一座20多米高的八角楼，名曰文昌阁。80多年前，震惊淄博的南庙工人大罢工就是在这里进行的。如今，砖墙依在，而那段群情激奋的历史却隐藏在静谧的记忆长河之中，等待着后人慢慢地挖掘，细细地品味。

1928年济南"五三"惨案前后，山东政局发生了重大变化，博山、张店及济南间的铁路列车停运，物价飞涨，局势动乱。中共洪山矿区支部根据上级指示，乘敌人无暇顾及之际，组建完善工会小组。

1928年5月1日这天，淄川炭矿工会在洪山镇余盛街正式成立。不久，石谷分矿、北大井、南旺等各个井口都设立了工会组织。工会成立后，工人都把工会当作自己的家，工作生活上的事情都到工会去说说，情绪十分高涨。

1928年6月，在淄川县反动政府的逼迫下，工会被迫迁到洪山铁路以东的马棚里。6月18日，反动政府又派人堵了马棚的门，工会转移到马家庄南庙办公。这时，淄川炭矿又传出裁人的消息，矿工们心头怒火再也按捺不住了，纷纷要求立即罢工进行反抗。

6月21日，中共淄张县委书记张洛书和李英杰等人，召集工会委员在马家庄南庙开会，研究罢工问题。第二天下午，在淄川城东门外的树林里秘密召开了有200多人参加的工运积极分子会议，并选出车锡贵、蒲文泉向县长陈学海申请罢工事由。同时，各工会代表选出代表组组成罢工组织委员会，发动群众，约定时间，统一罢工行动。

1928年6月24日，为了更广泛地发动群众，争取社会同情，淄川炭矿工会发表了《罢工宣言》，历数日本人和鲁大公司在胶济沿线的罪行。《罢工宣言》这样写道："以前屡次裁人，我们因为团结不力，更无代表工人的工会，不得不忍痛一割，甘心而忍受了。现在公司在民生凋敝之秋，决然将我们裁减数千，使我们流为难民。全家老小就此分离，是可忍孰不可忍。"

在发表罢工宣言的同时，炭矿工会还向鲁大公司写信，申诉罢工原因，要求增加工资，反对裁减和虐待工人，改善因公致伤、致残、致死工友家属的待遇，提出了22项条件，要求鲁大公司6小时之内给出答复。

对工会提出的要求和条件，鲁大公司资本家拒不答复。1928年6月25日黎明，工人积极分子利用工人上班的时间，在矿井附近张贴标语，散发传单，宣传鲁大公司的罪行。派工人纠察队员监视包工头，不准其强迫工人上班。

在工会的组织和宣传鼓动下，淄川炭矿及所属的十里庄、南旺、大昆仑分矿的4000多名工人全部实行罢工。当班的700多名工人按照工会事先的部署，高举标语旗帜，齐集在淄川炭矿南门马家庄南庙举行罢工大会，要求资本家全部答复罢工条件，否则决不复工。

面对声势浩大的罢工队伍，炭矿资本家惊慌万分，立即派制造济南"五三"惨案、后进驻炭矿的日军松田中队荷枪实弹进行镇压，并派三架飞机在会场上空盘旋示威。勇敢的工人纠察队员与日军展开搏斗，愤怒的罢工群众也自觉组成一道道人墙保卫罢工会场。斗争中，车锡贵、李成孝等9人被日军抓走。

在这期间，工会执行委员会分别到各煤井做工作，强调不放回被捕工人，没有工会执行委导会命令，决不复工。同时，被捕的9名工人面对当局的关押审讯，也进行了坚决的斗争。

经过工人半个多月坚持不懈的斗争，敌人的镇压目的没有达到，被捕的工会领导人及工人均获释放。矿方答应不再打骂工人，不付半工和不扣工具钱等条件，南庙大罢工最终取得了初步胜利。

淄川炭矿工人南庙大罢工，是在山东政局异常动乱、工人斗争情绪高昂的形势下爆发的，是淄博革命斗争史上声势最大的一次罢工斗争，充分显示了共产党领导下的工人阶级的伟大力量。在它的影响下，周村丝织工人、张店铃木丝厂工人也先后举行了罢工斗争。这些罢工斗争，使广大工人进一步认识到国民党对内欺骗工人、对外投靠帝国主义的反

25

动实质，彻底打破了对国民党的幻想，打击了日本帝国主义在济南惨案后升涨起来的嚣张气焰。同时，为淄博矿区以后的斗争提供了经验，积累了革命力量。

人物小传

张洛书（1905—1946），化名刘景新、张艺宾、洛人，山东省广饶县红盆村人。1926 年 1 月，加入中国共产党。1926 年到黑铁山地区领导农民运动。八七会议后，任中共淄博矿区地方组织负责人，后任中共淄张县委书记。1928 年冬到东北地区开展工人运动和地下党组织工作，任中共大连市委书记。1933 年被捕，1943 年出狱后主持成立中共大连临时市委。1946 年病逝，年仅 41 岁。

车锡贵（1898—1931），又名车希贵，淄川演礼村人。1926 年积极参加反鲁大公司裁减工人的"失业团"斗争，同年冬加入中国共产党。曾任中共淄川特支书记。1928 年组织南庙大罢工。1929 年被捕后关押在济南山东省第一监狱。1931 年 4 月 5 日凌晨，车锡贵与邓恩铭、刘谦初等 22 名共产党人被杀害于济南纬八路刑场，为"四五"死难烈士之一。

2. 刘家台中共博山县委旧址

文物名称：刘家台中共博山县委旧址

地理位置：博山区博山镇刘家台村

保护范围：院墙四周向外 20 米

1938 年春，徐州失守，山东全境成为敌后。由于山东自古以来为兵家必争的战略要地，所以很快山东各地成为敌我反复争夺的前沿，斗争尖锐。日军在山东所控制的城市、重要港口及铁路等交通主要沿线地区，均建立了伪军、治安维持会等伪组织，以稳固其统治。国民党委派沈鸿烈回山东任国民党山东省政府主席，并派其正规部队入鲁，在山东重新建立地方政权，发展地方武装。中共中央和北方局对山东的战略地位非常重视，这年 5 月应中共山东省委的请求，派中共陕甘宁边区党委书记郭洪涛率 50 余名干部，携带两部电台来到山东，在泰安县南上庄召集了省委干部会议。会议传达了中央指示精神，决定在山东各地创建抗日根据地，重组山东省委，郭洪涛任省委书记兼军事部长，林浩兼组织部长，景晓村任秘书长，张天民任职工部长，史秀云任宣传部长。鉴于博山优越的地理条件和中共地方组织领导人和党员大都参加了抗日队伍的情况，省委决定派张敬焘为中共博山县委书记，回到博山重建县委，在这一地区的农村创建抗日根据地。

1938 年 6 月初，张敬焘奉省委之命，只带着一名通讯员回到了博山家乡。但是县委驻地选在哪里？这成了一个难题。开始，为了便于同上级联系，张敬焘把县委驻地选择在了距博山城以南 40 余里、地处博（山）莱（芜）两县交界的西石马桥东村，后又迁到了北博山村。不久，考虑到北博山村在通往博山城的公路边上，日军容易到达，不利于县委长驻，就又搬到了南博山村以西的刘家台村。

刘家台村位于淄博市博山区博山镇，与莱芜一河之隔，北西两面靠山，南东临水，淄河从莱芜直下东来，四季常年流水不断，俨然一处青山绿水的好地方。对于县委的到来，刘家台村村民热烈欢迎，不仅提供办公、住宿的房屋院落，还解决二十几口人吃饭的问题。

1938 年 8 月，省委任命边首之为县委组织部长、刘华南为宣传部长、于诚为民运统战部长，县委正式成立，从此掀起了博山县抗日高潮。

为适应抗日形势的需要，张敬焘动员当地多名优秀青年到边区干校学习，结业后返回村庄继续进行抗日活动。例如，刘化乡、刘惠之、国丹城等人到沂水县岸堤抗日大学分校培训学习，后分配到各地做抗日发动和组织工作，后来都成为领导干部。刘家台村外出参加革命工作的青年多达数十人。

作为博山县抗日红色堡垒，刘家台在风雨飘摇中始终屹然耸立不倒。那时，南博山、北博山、夏庄、郭庄以及莱芜的河西庄、常庄都有鬼子的据点，就连与刘家台一河之隔的青杨杭、邢家庄，也时常能见到鬼子的身影。经历过多次"三光"扫荡后，村民夜间不敢住在庄里，纷纷逃离家乡，村里的街道长满了野草。就是这样，鬼子、汉奸还是常常夜间搜山、抢劫、抓人。1940 年农历七月十一，鬼子夜袭刘家台，到处烧杀掠夺，将村里的青壮年都抓去东北当劳工，制造了远近闻名的刘家台惨案。刘化远的弟弟被枪杀在街口，刘统盛的父亲刘圣典被鬼子枪杀在他家菜园小屋前。这位老人忠厚老实、性格坚强、一身正气，在村里的口碑很好。那天夜里，鬼子、汉奸把他捉住，不管怎样逼问共产党八路军的下落，刘圣典都坚定地说"不知道"。后来，气急败坏的鬼子、汉奸，用火烧了他的长发和白胡子，最终将他刺死，场面十分惨烈。埋葬时，全村老少号啕大哭，令人悲伤。

由于为抗日工作做出了突出贡献，1944 年，刘家台村被博山县评为"抗日模范村"，当时人称"小延安"。

一方水土养育一方人。多年来，在红色文化、先进思想的渗透下，一代代刘家台人始终秉承革命先烈遗志，大力弘扬家国情怀，始终把初心化为恒心，把使命化作担当，培养出了众多的能工巧匠、医务工作者、教育工作者、文化艺术家。大家虽然奋战在不同的岗位，却同样满怀激情、干事创业，续写着幸福和谐的音符，奏唱出一曲曲奋斗之歌。

3. 韩子恒烈士墓

文物名称：韩子恒烈士墓

地理位置：高青县花沟镇西口村北 400 米

保护范围：墓中心四周向外 30 米

　　韩子恒（1906—1943），本名韩秀章，字子恒。1906 年，出生于高青县陶塘口村的一个农民家庭里，1927 年考入长山中学，1930 年长山中学毕业后回乡务农。1937 年日军大举入侵，国民党政权纷纷南逃。10月，韩子恒和孙向辉等人，以串乡赶集"打彩"的形式，宣传抗日，发动群众，不久被推举为长山县六区区长兼区中队队长。他在长山县六区各村建立了"联庄会"，并到刘家套村组织青年农民成立"武装自卫团"。1937 年 12 月黑铁山起义后，韩子恒与马耀南等起义领导人取得了联系，他率领的部队整编为山东人民抗日救国军第五军第十九中队，韩子恒任中队长。

　　提起韩子恒，不得不说到在山东抗日战场上留下浓墨重彩的小清河伏击战。

小清河是我省重要的内河航运水道。抗日战争时期，小清河是日军重要的交通运输线。小清河伏击战发生在长山六区（今高青县花沟镇韩家庄村）。1938 年 1 月 19 日，黑铁山起义部队出其不意，以较差的装备、较小的代价、极短的时间全歼敌人。这一仗威震齐鲁，成为我省抗战中以弱胜强的经典战例。

1938 年 1 月 19 日拂晓，寒气逼人。山东抗日救国军第五军司令员廖容标和韩子恒带领战士埋伏在小清河南北两岸，静候日军的到来。他们一直等到日上三竿，也没等来鬼子的汽艇，却等来了两艘双桅篷船。船工得知我军埋伏是为了打鬼子，主动把船献了出来。当时小清河河面较窄，韩子恒他们将船横连在河面上，两头固定在河岸，铸成"拦河坝"，以防鬼子汽艇在挨打后迅速逃窜。

临近中午，从小清河上游传来阵阵马达声，一艘鬼子汽艇很快进入了我军的伏地圈。当发现前方有障碍物，鬼子先是鸣笛示警，接着从舱里走出一个鬼子，端着枪"叽里哇啦"地大喊大嚷，另有好几个鬼子从船舱里出来，拉动枪栓准备射击。

廖容标见时机已到，瞄准一个鬼子，一枪打去，那家伙应声倒下。见廖司令枪响，40 多支枪一起开火，向敌人展开猛烈的袭击。面对突如其来的袭击，日军晕头转向，阵脚大乱，在汽艇上东躲西藏，有的还不知道怎么回事就丧命了。舱里的鬼子见大势不好，一面开枪还击，一面减速企图掉头逃跑。

廖容标见状，大喊一声，投弹！手榴弹顿时如雨点般投出去，其中一枚正好投进船舱。一声巨响，汽艇发动机哑巴了，失去了动力，在河心打起了转转，其中两个鬼子跳进河里，游到河北岸，跑出了韩子恒部队的射程之外。韩家庄里的村民听说河上有八路打鬼子，纷纷拿着农具来助阵，正好堵住这两鬼子，他们用锄头、铁锨将他俩活活砸死。此时，又有两名鬼子跳进河里，战士们"叽叽"几枪就叫他们见了阎王。因我军步枪性能太差，打不穿船舱，汽艇上残存的鬼子还在负隅顽抗。就在

韩子恒率部作战（油画）

这时，廖容标派战士张捷三、陈福会从安家庄借来的土炮运到了，还请来了两个会放炮的老乡。随后两声炮响，再也听不到敌人的枪声了。

小清河伏击战共歼灭鬼子 12 人，其中有一名旅团长、一名联队长、一名高级参谋。原来，这些日军高级军官是去济南参加一个重要军事会议，在返回途中遇到了黑铁山起义部队的伏击。五军大获全胜，可惜的是一班长张玉轲不幸牺牲。

小清河伏击战的胜利令日军极为震惊。第二天，日寇从济南、张店等地调集了汽车、汽艇和数百名步兵、骑兵，在飞机的掩护下，沿小清河搜寻失踪的汽艇和日军官兵，伺机报复，结果一无所获。

小清河伏击战胜利的消息像长了翅膀传遍小小清河沿岸村庄，人们奔走相告，军民抗日情绪高涨。小清河伏击战沉重打击了敌人的嚣张气焰，它像一声炸雷，震动了小清河两岸，鼓舞了全省乃至全国人民的抗战士气。

自 1940 年春，韩子恒与李曼村等率部转战小清河畔的高（苑）、青（城）、邹（平）、长（山）、桓（台）、一带，顽强地开展抗日反顽斗争，不断地粉碎日伪的残酷"扫荡"和"蚕食"。作为军事指挥员，群众称之为"常胜将军"。他率领的部队英勇善战，行如疾风，战如猛虎，在歼灭战中数次担当突击队，所向披靡，屡建战功。他曾在长白山率部突破 4000 余名日伪军的合围，无一伤亡。他也曾在南寺庄阻击日伪重兵，重挫敌焰。韩子恒的英名震慑着清西各据点的敌寇，敌人闻风丧胆。

1943 年 1 月 15 日，日本侵略者发动对清西地区的"铁壁合围"，韩子恒率领九连巧妙地与敌人周旋，至高城西北大王村南开阔地时，被万余名敌人包围，这时他号召部队"只要还有一个人、还有一口气也要同鬼子血战到底"！在他的指挥下，大家英勇善战，一个机枪手倒下另一立即上去，打退了鬼子的一次次进攻。这样机枪手前赴后继最后全部牺牲，子弹、手榴弹都打光了，大家就冲上去用刺刀和鬼子展开了肉搏战，刺刀捅弯了，就用枪托打，用拳击，用牙咬。负伤不能同鬼子打的人就把枪拆烂也不留给敌人。最后，终因寡不敌众，当敌人蜂拥上来后，他们以"宁死不当俘虏"的精神，拉响最后一颗手榴弹，和敌人同归于尽。他指挥部队奋力突围，身负三处重伤。韩子恒用最后一颗子弹，对准自己的太阳穴，扣动了扳机，为民族的解放事业献出了自己年轻宝贵的生命，时年仅 37 岁。对此，清河区《清河日报》称之为"抗战的损失""清西人民的最大悲痛"。

第三章　县级文物保护单位

1. 山东矿业工会淄博部旧址（马家庄淄博矿业工会旧址）

文物名称：山东矿业工会淄博部旧址（马家庄淄博矿业工会旧址）

地理位置：淄川区洪山镇马家庄村委大院内

保护范围：纬度 36°37′18.0″，经度 117°58′00.0″

1921 年 7 月中国共产党第一次全国代表大会在上海召开。从此，中国出现了一个以马克思列宁主义为其行动指南的无产阶级政党，这个政党集中力量领导着工人阶级在全国范围内掀起了一次大规模的工人运动高潮。

王尽美、邓恩铭在参加这一次成立大会以后，回到山东就积极组织开展工人运动，就把淄博作为一个重点。

1921 年 8 月，公开领导全国工人运动的总机关——中国劳动组合书记部成立。1922 年 5 月为了交流各地开展工人运动的经验，中国共产党通过中国劳动组合书记部，在广州召开第一次全国劳动大会。王用章作为山东印刷工会的代表参加了大会。

1922 年 6 月，中国劳动组合书记部山东分部成立后，王尽美派参加第一次全国劳动大会归来的王用章到淄川矿区，深入工人队伍中，宣传和动员工人群众组织起来，建立工会。

史书载 1920 年前后，淄博煤矿工人有 3 万多人，在当时这是山东省工人最集中的地方，尤其是煤矿工人最集中的地方。所以山东党的组织成立以后，就把这个地方作为淄博和山东开展工人运动的重点。还有一个原因就是淄博煤矿工人在旧社会受到的压迫最深。

黑暗之下是一双双期盼的眼睛，有谁能改变他们的命运？1922 年 6 月下旬，王尽美赶到淄川，亲自指导组织建立淄川矿区的工会组织。然而到了矿区，王尽美发现，工友们虽然受到压迫，虽然也期望过上好日子，反抗斗争的意识却并不强烈。

于是王尽美深入到工人当中，启发他们进行斗争。在矿区内，王尽美住在一户老工人的家里，白天他就像其他工友们一样在厂里干重活，但到了晚上，他就给工友们讲怎样改变悲惨生活，帮助工友们解决实际困难，慢慢地王尽美身边的工人们，穷哥们越来越多。王尽美曾到过苏联，他向大家介绍世界上第一个工人阶级掌握政权的国家人民幸福的生活和日新月异的变化，使矿工们看到了希望。

1922 年 6 月 25 日，淄川、南定、西河一带的煤矿工人代表 250 多人，在洪山镇马家庄机器图算学校院内，召开了矿业工会发起会。淄博市第一个工会组织——山东矿业工会淄博部宣告成立。在成立大会上，淄川矿工第一次喊出"团结起来，组织起来，反对资本家的剥削与压迫，争取自身解放"的口号。看着工友们的团结高涨的热情，王尽美说道：

"工人是创造世界的主人，但如今炭矿工人们还长久屈服在资本家的剥削之下，暗无天日，稍有不慎就有生命危险，而工钱仅有两三毛钱，还要受冻受饿，工人创造的财富全被资本家剥削去了，这是极为不公平的事。"

王尽美在矿业工会成立大会上的发言，充分代表了工人的利益，说出了工人们的心声，大家都说，王尽美是咱们的领路人，咱们要听他的话，组织起来谋求自身的解放。

1922 年 7 月 9 日，中国劳动组合书记部山东分部独立创办的《山东劳动周刊》第 1 号上，发表了王尽美撰写的《矿业工会淄博部开发起会志盛》一文。文中赞颂淄博矿工的新觉悟，称赞矿业工会淄博部成立是"中国劳动运动之曙光""山东劳动界空前之盛举"。在文章的最后王尽美兴奋地写道："我们欢乐到无所置词了，只好表示一百二十分的诚意，欢呼：山东矿业工会淄博部万岁！全世界无产阶级联合起来！"

山东矿业工会淄博部是继津浦铁路济南机车厂工会之后山东建立的第二个工会组织。它一诞生就得到了工人们的积极拥护，参加者几乎遍布淄川、博山各煤矿。它的建立，标志着淄川煤矿工人开始由"自在阶级"向"自为阶级"转变。同时，它唤醒了广大矿工团结斗争的意识，扩大了党在群众中的影响，培养了一批政治思想坚定的斗争骨干，这些都对推动淄川矿区的工人运动起到了奠基石的作用。

2. 岳家庄伏击战遗址

文物名称：岳家庄伏击战遗址

地理位置：临淄区敬仲镇岳家庄村岳家公交站

从临淄城区向北约 7 公里，在辛广路（原辛石公路）东侧，坐落着一个名叫岳家庄的小村庄。

夏日里的岳家庄，宽阔的水泥路整洁平坦，房前屋后花团锦簇、绿树成荫，墙面上绘制着一幅幅栩栩如生的中国梦宣传画。临淄抗战史上著名的岳家庄伏击战就发生在这个如今花园式的村庄。

1937 年 12 月，日军进攻济南，山东军阀韩复榘一枪未发，拱手让出了济南城。

在胶济铁路以北，日军于 1937 年冬占领了靠近胶济铁路的临淄等县城，又于 1938 年 1 月占领了广饶县城，打通了由辛店到广饶城北石村的辛石公路。随后，又占领了寿光、博兴等县城。在寿光、广饶、桓台、博兴等地活动的国民党地方武装保安第 15、第 16、第 24 旅等部，惊慌失措，仓皇出逃。

为打击日军的嚣张气焰，振奋抗日军民的抗战信心，李人凤带领的八路军第三支队第十团在临淄东部积极作战，打击日军。

在李人凤的手札里记载了一次对胶济铁路的破袭战："根据司令部的命令，我们发动了一次大规模的破袭战来打击日寇的气焰。以连为指挥单位配合抗日自卫队，西起金岭镇，东至青州站，两头的埋地雷，专炸敌人的火车头并袭击列车，中间的派兵包围敌人车站据点，掩护自卫队拆除铁轨，连同铁路轨夹板一同运离铁路线埋藏起来，道钉全部带走。大段铁轨被拆走，若干涵洞被炸毁。使敌人在胶济路的运输瘫痪达一个月之久。"

除继续组织对胶济铁路进行破袭外，十团以营为单位分散配置在益都（今青州）、寿光边，淄河以东临淄广饶边，淄河以西临淄与广饶、博兴边，积极寻找机会打击日寇。

在这一带，岳家庄是临淄北去的必经之地。团长李人凤多次派人侦察，发现每天都有日军汽车队往返于岳家庄旁的辛石公路上，运输抢掠的物资。日军的汽车队，多数情况每次有四五辆汽车，少数情况有十辆左右，押车的日军人数也时多时少。

那时，岳家庄周围建有土围墙，距辛石公路不足 50 米，在围墙内用土枪、土炮、手榴弹就能打击公路上的敌人；村东北角还有一条两米深、10 多米宽的天然河沟直通淄河，可供部队隐蔽地进出伏击区，既利于进攻，也方便撤退，是比较理想的设伏地点。

依托该村良好的群众基础和有利的地形条件，十团决定在岳家庄设伏，并继续观察日军的行动规律。

1939 年 2 月 18 日晚上，李人凤召集参战部队的营连级干部开会。会上，李人凤首先向大家介绍了敌情和选定岳家庄设伏的利弊关系，接着就下达了在岳家庄设伏的任务。布置十团四连为左翼，部署在村东南；五连为右翼，部署在村西南，以围墙为依托，伺机进攻，各连指定少数同志专门打司机和汽车轮胎；特务连部署在村正南的围墙里，正处阵地中央，团指挥所设在特务连后面，便于指挥战斗。自卫队（即民兵）使用土枪、土炮参加配合作战。李人凤要求各部队行进时要肃静，进村后要严密封锁消息，提前吃早饭。

接到任务后，各连干部回到连里以后，立即进行了战斗动员和准备，并作了具体部署。

19日，天还没亮，参战连队的战士们早早吃过早饭后，便从郑家辛一带出发。夜里刚下过一场小雪，为了隐蔽行动，防止暴露目标，战士们把棉大衣翻过来穿，让白布里子朝外，和雪色相近，易于隐蔽。行进中，部队按夜行军的要求悄悄开进，于黎明之前到达了岳家庄。

刚一进村，各部队便按预定部署进入阵地，轻轻地、迅速地在围墙上挖射击孔，在村子四面进出通道设立哨兵岗。村内的人不准外出，若有从村外进村的来人，进了村不准再出村。几名战士化装成老百姓，在岳家庄四个入口处，假装拾粪，作为游动警戒、观察哨，以观察敌情。

约9点多钟，村南边传来了汽车马达声。不久，日军汽车队向岳家庄驶来。一辆、两辆、三辆……十团战士发现共有11辆汽车，每辆车头上都插着一面太阳旗，车厢里坐着鬼子兵。第一辆车与后边车的车距稍大些，押车的日本兵也少些，第二、第三辆车上的日本兵比较多。

行车过程中，日军并未觉察埋伏，车辆逐渐驶入了十团的埋伏阵地。

"打！"当前边的几辆车到达围墙下时，李人凤一声令下，眨眼间所有的枪口从围墙内伸出，洋枪、土枪、土炮一起开火，步枪子弹、土炮的铁豆铁砂和手榴弹片刻间倾泻到日军的汽车上。

一刹那，前面的7辆日军车辆被击毁，无法开动，最前边的4辆车上的日军多数被击毙，中间3辆车上的日军有的在车上，有的跳下来顽抗，并用火力压制十团的进攻。

战斗过程中，十团特务连一部冲出南门，想到日军汽车上缴获武器，但因敌人的火力太猛，难以靠近汽车，随即与当面之敌对射起来。这时，后边4辆车上的敌人因距设伏点较远，未遭杀伤，便急忙跳下车来，凭借一条河沟由村南向村东迂回进攻，并以密集火力向十团左翼、侧

岳家庄伏击日军运输队（油画）

后射击。

进行这次伏击战时，十团当时的装备较差，激战一段时间后，鉴于这次日军较多，且援军很快就会赶到，李人凤果断下令撤出战斗。十团战士凭借熟悉的地形，有秩序地从村东北角的深沟中安全转移，东渡淄河返回郑家辛、曹村一带。

此次伏击战，十团战士共击毁日军汽车7辆，200多名日军伤亡近半数，十团仅伤、亡各1人。

岳家庄伏击战的胜利意义重大。当国民党几个保安旅不知所措、惊恐万状，人民群众情绪波动、心情紧张之时，十团给骄横的日军当头一棒，打击了日军的嚣张气焰。战斗的胜利，对人民群众的抗日情绪是一个极大的鼓舞。

战后，临淄各地群众在中国共产党各级组织的领导下，纷纷组织起了自卫队、妇救会、儿童团，他们以土枪、土炮、红缨枪为武器，站岗放哨，传送情报，配合我军作战，军民关系更加密切了。

3. 万祥山革命纪念地

文物名称：万祥山革命纪念地

地理位置：沂源县石桥镇后大泉村东

鲁山巍巍，沂水滔滔。在淄博沂源县石桥乡后大泉村的东边，有一座海拔444米的山。此山形似卧虎，当地人曾叫它老虎山。不过，老虎山这个名字早在几十年前就改了名字——万祥山。那是因为这座山是埋葬忠骨之地，"万祥"正是牺牲在此的战斗英雄何万祥烈士。其实在沂源这块红色热土上，"万祥"元素随处可见，除了万祥山外，烈士陵园正中的何万祥雕像、中小学校园内何万祥精神主题活动以及企业、地名里的"万祥"等，无不流溢出革命老区人民对这位英雄的思念与敬意。

何万祥并不是沂源本地人，1915年他出生在甘肃宁县一个贫苦家庭中，原姓朱，从小便是地主家的放牛娃。尝尽生活疾苦的他，决心让老百姓过上好日子。于是在16岁那年参加了革命队伍——中国工农红军第二十五军，一并把自己的名字改成了何万祥。追求进步的他在入伍的第二年就被组织批准，成为了一名光荣的中国共产党党员。

这位小个子战士年纪不大，站队时常在排尾，但打仗的时候却总能在冲锋的队伍中看到他在前方。1936年2月，中央红军东渡黄河，何万祥第一个报名参加"渡河先遣队"。在敌人炮火和黄河天险的阻拦下，何万祥与战友们的5条小船从枪林弹雨中杀了出来，阎锡山一直吹嘘的"攻不破的黄河防线"就这样被攻破了，何万祥也因此获得了"渡河英雄"的称号。后来随队参加了平型关战役，让日军见识到了我们的抗战决心。部队进入山东后，何万祥先后任八路军第一一五师教导二旅特务二连连长、滨海军区第六团一营二连连长等，成为山东军区有名的战斗英雄。

"革命嘛，就不能老在一起。"

何万祥每逢离开一个连队，战士们都恋恋不舍地苦苦挽留他，而他总是这样回答。但何万祥却长眠在了山东，永远留在了他所热爱、奉献的红色热土上。

故事要从1944年初说起，当时中共北方局号召华北人民，克服困难，坚持抗战，积蓄力量，准备反攻。从1944年春开始，淄博党组织遵照山东分局、八路军山东军区的战略部署，领导淄博军民开始了局部反攻。

不过自从国民党新四师师长吴化文率部两万余人投降日军之后，在日军的扶植下，吴部成了山东伪军的核心。这个"铁杆汉奸"的队伍占据着津浦铁路以东的鲁山山区和北沂蒙地区，直接威胁着抗日根据地的巩固和建设。同时，吴部在其统治区内横征暴敛，敲诈勒索，大肆搜刮民财，制造了纵横百里的"无人区"。1943年7月和12月，山东军区曾两次讨吴，给予有力打击。在第三次讨吴之前，鲁中军区进行了各项准备工作，并对吴伪展开了有力的政治攻势。同时，山东军区向各区下达了配合鲁中军区讨吴的指示。

1944年3月25日，鲁中军区向驻守在津浦线以东的伪军吴化文部发起了第三次讨伐战役，至4月20日结束，历时26天。这场战斗中，50

处重要据点被攻克，歼敌 7000 余人，其中少将 3 人；缴获火炮 67 门、轻重机枪 104 挺、长短枪 3140 支，以及大批弹药物资；收复村镇 1000 余个，解放地区面积 1200 余平方公里、人口 30 余万。此后，八路军部队控制了鲁山大部地区，打通了沂（山）泰（山）蒙（山）各山区根据地的联系。《大众日报》《解放日报》分别发表《予吴逆以痛击——向第三次讨吴战役的英雄致敬》《鲁中讨吴战役胜利》的社论。通过这次讨逆，沂蒙山区抗日根据地的形势有了根本改善。

结果是可喜的，但不幸的是战斗英雄何万祥牺牲了。在攻占敌人炮楼的时候，冲锋在前的何万祥不幸中弹，壮烈牺牲。1944 年 7 月 7 日，山东军区在抗日战争七周年纪念大会上，授予二连"战斗突击队"光荣称号，并将他生前所在的连队命名为"何万祥连"。山东军区文工团编写了歌曲《我们的连长何万祥》。新中国成立后当地政府将何万祥牺牲时的虎山改名为"万祥山"，将山下公路命名为"万祥路"，并在山顶立了一座石碑纪念他。

歌曲《我们的连长何万祥》唱遍了山东大地。为铭记抗日英烈的不朽功勋，弘扬爱国主义精神，民政部于 2014 年 9 月 1 日公布了第一批在抗日战争中顽强奋战、为国捐躯的 300 名著名抗日英烈和英雄群体名录，何万祥名列其中。万祥山革命纪念地也在 2020 年底入选了山东省第一批不可移动革命文物名录。

曾跟何万祥一起冲进石沟崖外壕的八班长刘进功回忆道：

"跟着何连长打仗，不勇敢也勇敢了。每逢打仗，咱到哪里，何连长到哪里，何连长到哪里，咱也就到哪里了。直到现在，我还常梦见和他在一块打仗。"

"人民军队为人民，军民鱼水情谊深；永怀先烈心思念，军民血肉永连心；四四年的三月三，太阳冒红打东山；敌军一个机枪连，被我部队全部歼；英雄连长何万祥，壮烈牺牲老虎山；为了永远怀念他，此山更名万祥山；这天正是清明节，永远难忘三月三……"

纪念何万祥的歌谣久久回荡，万祥山上的红色故事将永远绽放光芒。

第四章　未定级文物保护单位

1. 中共淄博支部旧址

文物名称：中共淄博支部旧址

地理位置：淄川区洪山镇大街社区

　　在淄川区洪山镇有一条光明街，淄博第一个党支部——中共淄博支部（又称中共淄博矿区支部）旧址，淄博的中共第一名党员周宪章的照相馆就在这条街上。

　　德日帝国主义的统治给淄博煤矿工人带来了巨大的苦难，庞大的、饱受压迫剥削的产业工人队伍让淄博矿区具备了建立党组织的群众基础。

王尽美、邓恩铭曾多次来到淄博矿区开展工作，积极推进淄博地方党组织的创建工作。

1922年8月，邓恩铭在列席了中共第二次全国代表大会后，遵照中共中央的指示，首次来到淄川开展工作。为了便于接近工人，邓恩铭以淄川县洪山镇宪章照相馆作为秘密活动点，深入到矿工家中，宣传革命道理。

1923年2月，京汉铁路二七惨案发生后，中共济南支部派王用章到淄博组织"胶济铁路后援会"，声援京汉铁路工人斗争。在此期间，周宪章成了王用章到淄川洪山镇发展的第一名党员。1923年10月，也就是在宪章照相馆里，王尽美跟淄川当地的同志们一起研究发动工人斗争的问题，同时研究决定迅速在淄博筹建党组织。

1924年3月，邓恩铭由青岛再次到淄博指导组织矿工开展工人运动。这期间，邓恩铭介绍曾参加过五四运动的淄川县立小学教员赵豫章加入中国共产党，4月，为加快淄博地方党组织建立工作，邓恩铭又派蒋敦鲁从青岛铁路局返回博山，从事革命活动。

1924年5月10日至15日，中共中央执行委员会扩大会议在上海举行，这次会议强调进一步开展工人运动，特别提出共产党自身教育工作和组织工作的重要性，要求在产业工人中大力发展共产党的组织。会议确定了王用章为驻淄博特派员，领导淄川博山矿区工人运动和发展建立党组织工作。

王用章回来之后首先到了博山沙顶子煤矿，做了一些组织宣传工作，以后又到淄川。这时，淄博地区建立党组织的条件已经成熟。有正式党员有9个人，还有3名团员即将转为共产党员，具备了建立党组织的条件。

在王尽美、邓恩铭的指导帮助下，1924年7月，经中共中央批准，中共淄博支部正式成立，王用章任书记，直属中央领导。这是淄博地区成立的第一个党的基层支部，同时也是继济南之后，山东建立的第二个直属中央的支部。

中共淄博支部建立后，在 1924 年下半年的工作中，遵照党中央的部署，主要开展宣传教育、党的组织建设、工人运动等三方面的工作。

中共淄博支部建立以后，宣传工作更加有组织、积极地开展起来，支部成员先后撰写了《淄川、博山矿业工人生活调查表》《山东鲁大公司压迫工人》等文章，并在《十日》《向导》《中国工人》等刊物上发表。这些文章深刻地揭露了中日资本家对矿业工人的残酷压迫和剥削。

中共淄博支部成立以后，党组织把"学艺研究社"作为一个据点，开展斗争，同时制定了斗争策略：警察如果来干涉斗争，就发动工人包围警察局，与之斗争到底。同时，决定组成三批工人代表，一旦警察来干涉，就分批到警察局进行坐狱斗争。

当时全体工人每月拿出两角钱，作为斗争的特别费用基金。广大矿工以前所未有的热情团结在党组织和"学艺研究社"周围，与中日资本家和反动警察展开斗争，显示出了强大的战斗力，迫使警察局未敢轻举妄动。

1925 年 2 月，中共济南地方执行委员会及青岛、张店、淄川三地党组织的代表在济南开会，正式成立中共山东地方执行委员会，作为全省党组织的统一领导机构，中共淄博支部改建为中共淄川支部，隶属省地执委领导。

中共淄博支部在淄博矿区的建立，是淄博革命史上开天辟地的大事。它的诞生是马克思主义和淄博工人运动相结合的必然结果，是与王尽美、邓恩铭等革命先驱的不懈斗争分不开的。他就像一座光芒四射的灯塔，给处在漫漫黑夜中的淄博人民带来了光明和希望，引导淄博人民以大无畏的革命精神，在革命的征途上，前赴后继，继往开来。

2. 中共张店车站支部旧址

文物名称：中共张店车站支部旧址

地理位置：淄博火车站东

淄博火车站熙熙攘攘，人声鼎沸，是鲁中地区一个重要的交通枢纽，现在每天都有成千上万的旅客从这里乘车，前往四面八方。淄博火车站往东不远，有座哥特式天主教堂，这是张店为数不多的有近百年历史的建筑。往来的人流匆匆而过，很少有人注意到，就在教堂东侧，有一座刻有"中共张店车站支部旧址"的石碑。1924年9月，张店地区第一个党组织——中共张店车站小组就是在这里建立。1925年2月，中共张店车站小组改建为中共张店车站支部。当时，在火车站南来北往的人流中，这个支部曾为途经张店的多位我党早期领导人提供过掩护与帮助。

京汉铁路工人大罢工遭到镇压以后，全国工人运动大多暂时转入低潮。但是，因为北洋军阀统治势力相对薄弱，山东工人运动仍呈发展趋势。张店——这座火车轮子带来的城市注定要发生不平凡的事情。

早在20世纪20年代初，淄博火车站的前身张店火车站，是胶济线和张博支线的联结点，也是通往金岭、淄川两矿区的交通要津。山东党组织很早就把工人队伍集中、地理条件优越、交通便利的张店作为开展工人运动和建立党组织的重点地区之一。

早在1923年初，中共济南支部就派王复元到张店开展路工运动。震惊全国的京汉铁路工人大罢工爆发以后，为了支援京汉铁路工人的罢工斗争，张店车站建立了第一个铁路工人的工会组织——路业工会，并成立了工人俱乐部。

后来由于敌人的破坏，张店路业工会被迫解散。1923年10月，王尽美来到淄博地区，研究重建张店路业工会和在淄博发展党组织的问题，这些活动对张店地区的建党工作都起到了积极的推动作用。1924年，"全国工人代表大会"在北京召开，王复元、尤超玄作为张店铁路工人的代表参加了会议。

大会之后，以来自四方机车厂"艺徒养成所"的一批徒工为骨干，成立了"工业圣诞会张店分会"即张店车站工会，青年工人李青山被推选为分会负责人。

李青山在1923年就被北京大学"马克思学说研究会"吸收为通讯会员，与研究会的发起人罗章龙建立了通信联系，开始接受马克思主义思想教育，在党的教育培养下，思想觉悟有了很大提高，做了大量的工作。

1924年夏秋之交，时为中共北方区领导人的罗章龙到山东巡视，在张店发展李青山加入了中国共产党，成为张店地区发展的第一个共产党员。遵照王尽美指示李青山协助王复元在铁路工人中积极发展党员，先后介绍邹光中、武考三、王启之、王明智等人入党，为建立张店地区党组织奠定了基础。

张店车站支部旧址（油画）

1924年9月，中共中央巡视员尹宽到山东巡视济南、青岛、淄博三地党的建设工作。在张店，尹宽对王复元、李青山在铁路工人中发展党员的工作给予了指导和肯定，随后张店地区第一个党组织——"中共张店车站小组"成立，王复元任组长，隶属中共淄博支部领导。

在当时，车站党小组已经有李青山、邹光中等13名党员，张店车站党组织的力量得到空前壮大。1925年2月，根据中共四大关于党员3人以上即可成立支部的规定，中共张店车站小组改建为"中共张店车站支部"，王复元任书记，李青山、邹光中任委员。

就在中共张店车站支部成立不久，胶济铁路工人大罢工在山东席卷开来。大罢工爆发后，李青山按照中共张店车站支部的指示，发动组织张店铁路工人集体罢工，这也是淄博工运史上党直接领导的第一次较大的罢工斗争。胶济铁路全线大罢工坚持了9天，最终取得了斗争的胜利。

中共张店车站支部成立后，在工农群众中积极发展党员，壮大党的力量。党员和积极分子利用业余时间走乡串户，宣传党的方针政策，推动工农群众运动的发展。尤其是当时胶济铁路工人大罢工的胜利，极大地鼓舞和吸引着广大铁路工人和贫苦农民，他们积极靠拢党组织，要求加入中国共产党。至1925年下半年，中共张店支部的党员数达到了30余人。1928年冬，王复元叛变之后开始疯狂破坏党的组织。1929年6月，中共张店车站支部被迫解散。

在张店这个狭小的区域内，能够发展成30余人的党员队伍，这在建党初期是非常不容易的。根据史料记载，1925年1月，全国共有党员994名，还不到1000人！CP是英文共产党的缩写，张店一个地方就有30余名党员，当时被称为"CP大本营"，称号来得不虚。

中共张店车站支部是张店地区第一个党组织，是当时党在淄博地区秘密活动的联络点和党派往各地的地下工作人员中转站。中共张店车站支部的建立，推动张店地区的工人运动进入了一个新的阶段。但是，在建党早期，一些党员理想信念不坚定，叛变革命，对党的事业造成了巨大损失，教训十分深刻。

李青山（1901—1942），又名李云峰，山东省高密人。1924年夏，经罗章龙、王复元介绍加入中国共产党，曾任中共张店车站支部委员，是中共张店地方委员会主要领导人之一。1925年2月，胶济铁路大罢工爆发，李青山以张店铁路工人工会的名义，按照青岛四方机厂工会发来的罢工通知，直接组织指挥了张店铁路工人的罢工斗争，并取得了胜利。1942年他去胶济铁路南侧的沣水一带执行任务，不幸遭叛徒汉奸包围，在突围中负重伤被捕。1942年9月22日，李青山因伤口感染病逝，时年41岁。

3. 中共洪沟支部旧址

文物名称：中共洪沟支部旧址

地点位置：张店区杏园小学

　　洪沟社区，地处淄博火车站东部，交通发达，商业气息浓重，人流客流繁忙，一排排新建的楼房诉说着社会的发展和历史的变迁。然而，时光回溯到 1926 年，当这里仅仅只是茅草屋和土坯房的时候，发生了一件影响深远的事。

　　1925 年 11 月，中共山东地委遭到破坏，邓恩铭等人被捕。12 月，中共中央派张昆弟来济南，整顿和主持中共山东临时地委工作。面对当时张宗昌的高压统治，中共山东省委决定改变斗争策略，采取秘密工作的方式，从事宣传和组织工作，积极发展党、团组织，积蓄力量。革命的火种在暗处积蓄力量，等待在某一时刻迸发出灼热的力量。

　　"一天又到晚，在田间，出尽血和汗。风吹雨打日头晒，缺吃又少穿。这些痛苦还不算，纳税又纳捐。"这首歌谣流传于 20 世纪 20 年代的洪沟村。1926年，张宗昌统治山东之后，开始与孙传芳混战，整个山东烽火连天，硝烟四起，百姓怨声载道，苦不堪言。

为了能够更好地团结群众，根据当时山东省内、外的情况以及斗争形势的需要，中共张店地方组织决定在农民党员较多的洪沟村、翟家庄、辛镇等村建立党的支部，以促进农民运动的发展。

农民问题是中国革命中的一个重要问题。中共四大肯定农民是无产阶级的同盟者。在1925年2月，中共中央执行委员会扩大会议第一次会议提出，要在政纲中列入解决农民土地问题的内容。开展农民运动在是当时一项比较重要的事情。

洪沟村靠近胶济铁路，并与张店车站毗邻，车站的许多铁路工人和党的活动骨干都来自这个村，一直都是党组织秘密活动的联络点。1926年春天，洪沟村共产党员孟俊生与中共张店车站支部党员邹光中研究，成立了洪沟农民协会。

洪沟农民协会建立了农民夜校，组织农民学文化，接受革命教育。当时，张店车站党支部代理书记于本章为农民夜校编写教材、教授课程。夜校除了帮助农民识字、学文化之外，还讲授关于反帝反封建的内容，启发农民的觉悟。洪沟农民协会一度搞得轰轰烈烈，会员发展到40余人，每人还发了"会员证"。

1926年夏天，洪沟农民协会迎来了它的第二任主任，这个人就是孟金山。孟金山，原名孟东明，1910年1月出生于洪沟村。1925年2月，中共张店车站支部建立之后，当时还是学生的孟金山就经常与铁路工人中的中共党员接触，受到革命思想的熏陶。在学校里，孟金山接触到了《共产主义ABC》《中国共产党五年来之政治主张》等文章，使他更加坚定了共产主义的信念。

1926年5月，团济南地委执委委员朱霄到淄博指导团的工作，发现孟金山思想活跃、活动能力强，就发展他入了团。之后，在邹光中、孟俊生的帮助下，孟金山积极参加社会活动，阶级觉悟不断提高，后由邹光中介绍加入共产党。

　　为了推动洪沟村农民运动的更好发展，1926年7月，在中共张店车站支部的帮助下，中共洪沟支部正式成立，这是淄博地区的第一个农村党支部，孟金山担任书记，同时担任洪沟农民协会主任。

　　支部成立以后，王元昌、朱霄等人经常到洪沟村指导工作，使该村的党、团工作和农运工作都有了很快的发展。党员数量也由建立初期的三四名党员，迅速发展到七八名。

　　由于洪沟村地理位置优越，党组织在张店地区的一些秘密活动，都以洪沟村为基地开展。上级党组织寄来的宣传品，也大多在该村铁路工人阎同和家中印刷，然后由各个党员和团员偷偷塞进车站的邮筒里，分头到车站、街头散发。在白色恐怖下，孟金山与党员孟光杜曾把反对张宗昌当局的标语一直贴到沣水大集上，被群众称之为"秘密告示"，四处传扬，鼓舞了群众的斗志，产生了很大影响。

　　1927年秋，军阀张宗昌为了维护反动统治，派人到张店抓捕革命党人。张店共产党组织活动骨干王明智闻讯提前撤离，他的弟弟王明信和党的干部李青山遭到敌人逮捕。从此，孟金山与上级党组织联系中断，洪沟党支部的活动也停止了。然而，洪沟党支部的党员们却一直从事着地下工作。

　　中共洪沟支部的建立扩大了共产党在洪沟村农民心中的影响，让他们看到了翻身做主的希望，同时还培养了一批革命骨干，这些都为以后农民运动的发展奠定了基础。

　　孟金山（1910—1958），又名孟东明、孟锦善、孟昭链，张店洪沟村人。1926年夏，经邹光中介绍加入中国共产党，后任中共洪沟村支部书记。1937年参加黑铁山起义。1938年6月，担任中共淄川县委书记。1945年抗战胜利后到铁路部门工作。1958年去世。

4. 谦益祥惨案旧址

文物名称：谦益祥惨案旧址

地理位置：博山区城东街道沿河东路北段

1937年12月，侵犯山东的日军一部沿胶济铁路继续东犯，国民党博山县县长王荫桂闻讯逃跑，博山的驻军也不战而逃，博山的社会秩序非常混乱。许多工厂矿业停产，商店关门，饮食歇业，物价飞涨，市面萧条，人心惶惶，很多人家纷纷逃往乡下避难。城关及郊区的很多工人、贫民已经断炊多日，购货无门。在这种情况下，饥饿的市民便自发集聚起来，趁混乱之机，到有食物有存粮的"山海园"（副食店）、"源香酒店"等商号取粮讨食，以获得生存。

12月31日晨，饥饿的民众，三五结伙，奔至北关下河（今博山沿河东路北段消防队址）"谦益祥"商号，争相抢运花生米、高粱等物。此时，谦益祥看门人侯维志见人们进进出出越来越多，无力劝阻，自感责任重大，便跑到北门里日军营所，谎报"土匪抢粮"，乞求出面制止。

9点左右，驻扎在北门里的日军冈崎部队由汉奸李又溪、郑子宾等人带领，荷枪实弹，牵着狼狗，穿过北关街，开到谦益祥商号，封住了大门，包围了院落。在前院，日军开枪向人群扫射，饥民大部惨死于血泊之中；有些则在挣逃中，又被射杀在河滩里、墙头上、屋顶上等地方。有些死者口中还含着未咽下去的花生米。然后，日军又到后院挨处搜查，将躲藏起来的饥民赶出来，逼着他们一排一排地跪在地上。这时，驻扎在四十亩地的日军也分两路，从河滩和税务街包抄而来，沿途将过路的、找人的无辜百姓一道驱赶进来。百姓哭叫求情，日军官概不理睬。最后日军将这些驱赶进来的无辜百姓和饥民一起用绳子、铁丝等物拴绑连结起来，持枪押至河东村水磨崖和尚林处，强令跪下，然后支上机枪进行扫射残杀。

这次惨案，死伤者中查到姓名的有109人，其中死79人，伤30人。这是事件相隔近50年之后，经过对35个村（街）的统计，只能是个最低数。遇难者以大辛庄、李家窑、河东、五龙、北岭、北关、东关、大街、城西等村、街的百姓较多，有六、七十岁的老人，也有十几岁的少年。惨案之后，那些幸存者也不敢在家停留，恐怕被日军追查再遭杀害，纷纷转移到郊外乡村，投亲靠友，医治创伤。惨案给许多家庭造成了悲剧，有的人亡家破，有的妻离子散，还有的被迫离井他乡，乞讨求生。

下篇
可移动革命文物

淄博地区可移动文物数量丰富，主要收藏在淄博市博物馆、淄博市档案馆、淄博历史展览馆以及各区县的博物馆、纪念馆和烈士陵园等单位。以淄博市博物馆为例，自20世纪建馆以来，通过接受捐赠、征集、调拨等途径收藏有数量可观的金属、木质、纸质等各材质的可移动革命文物。根据可移动文物的级别划分，同样分为珍贵文物、一般文物和未定级文物，其中珍贵文物又可细分为一级文物、二级文物和三级文物。由于距离上一次专家组文物评估定级工作已过去相当长的时间，淄博地区现存的可移动革命文物主要以三级文物、一般文物和未定级文物为主，部分文物的实际级别可能要更高。本篇主要精选那些有代表性的可移动革命文物，其名称源于文物账本，有些文物的定名并不十分规范，或者过于简单，因正文中主要探究其历史内涵等，足以说明相关情况，故此处不在名称上做统一处理。

　　值得注意的是，可移动革命文物既包括国有可移动革命文物，也包括非国有可移动革命文物。淄博地区民间的收藏力量十分壮大，非国有博物馆数量也在省内名列前茅。囿于时间及资料所限，本书选取该部分内容较少。但非国有博物馆中的可移动革命文物仍是不容忽视的材料，这在日后的研究中应当引起重视。

山东省第一批可移动革命文物名录淄博部分

共26件，其中一级文物1件，三级文物25件。

序号	名　　称	级别	收藏单位
1	1946年出版的《红军的生长壮大》画册	一级	淄博市博物馆
2	1943年大众日报社出版《战时小学历史课本第四册》	三级	淄博市博物馆
3	1945年毛泽东著渤海新华书店出版《论联合政府》	三级	淄博市博物馆
4	1944年大众日报社出版《战时小学常识课本第二册》	三级	淄博市博物馆
5	1948年华东新华书店印行《中国共产党党章》	三级	淄博市博物馆
6	1942年群众出版社印《二十二个文件》	三级	淄博市博物馆
7	1948年华东新华书店出版《目前形势和我们的任务》	三级	淄博市博物馆
8	1947年胶东新华书店出版《新党员读本》	三级	淄博市博物馆
9	抗日战争时期八路军第四支队使用的铁刺锥	三级	淄博市博物馆
10	1949年渤海区工作委员会印《建团参考第四集》	三级	淄博市博物馆
11	1951年曹子任的抗美援朝纪念章	三级	淄博市博物馆
12	1952年王寿堂的解放西藏纪念章	三级	淄博市博物馆
13	1949年清河地委宣传部《渤海区贯彻二中全会路线必须解决的几个问题》	三级	淄博市博物馆
14	1948年崔英俭的中国人民解放军华东渤海军区卫生部证章	三级	淄博市博物馆
15	1950年《山东省土地改革具体实施办法》	三级	淄博市博物馆
16	抗美援朝时期陈广汝的朝鲜三级国旗勋章	三级	淄博市博物馆
17	1955年朱敬亭的中华人民共和国三级解放勋章	三级	淄博市博物馆
18	1950年清河地委宣传部《关于执行山东分局宣传会议决议的指示》	三级	淄博市博物馆
19	解放战争时期王锦堂的土改胜利纪念章	三级	淄博市博物馆

序号	名　称	级别	收藏单位
20	1953 年赵忠文参加华东军区公安部队第三届英模大会的纪念章	三级	淄博市博物馆
21	1944 年张子行的民兵英雄纪念章	三级	淄博市博物馆
22	解放战争时期崔英俭的特等模范证章	三级	淄博市博物馆
23	1965 年《清河地委给全体干部党员的一封信》	三级	淄博市博物馆
24	抗日战争时期烈士郇振民使用的铁墨盒	三级	淄博市博物馆
25	1942 年马鞍山战斗中使用的水桶	三级	淄博市博物馆
26	中华人民共和国"抗美援朝"青釉大碗	三级	淄博市陶瓷博物馆

第一章　一级文物

1. 马耀南日记

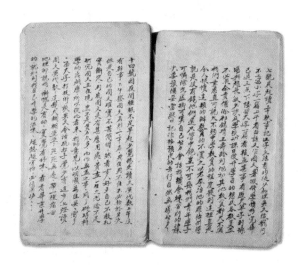

文物名称：马耀南日记

收藏地点：淄博市博物馆

马耀南烈士在上学期间所写的一本日记，长 23 厘米，宽 13.5 厘米。日记封面正中写有格言"胆愈大而心愈小，智愈圆而行愈方"。右上角为日记使用时间"民国 11 年 9 月至 12 年 6 月"，下方是"耀南晟志"四字，左下方有"第三号"字样。根据马耀南烈士生平可知是其在济南省立第一中学念书时的第三本日记。内容全部用毛笔正楷书写，字迹工整，共有 33 页，记录了这段时间以来他学习和生活情况。如：

"凡称为人中之伟杰者，皆系专心之人，当其从事某项事业也，莫不运用全力以处之，至目的达成后始已。"

"能耐苦之极之人谓之天才。"

"成功由克服困难而来。"

"上海的炮火异常凶猛，全国血战状态，自顾在此安逸消闲，能不愧死！……自即日起应特别振奋，求有所报命国家，获取较大代价之牺牲，方不愧生此世间……。"

可见学生时代的马耀南学习刻苦志向远大，有深深的爱国情怀。

这本《耀南日记》被烈士后代精心保存下来，1979 年马耀南之子马立修将其捐献给淄博市博物馆。1998 年被国家文物局专家组定为国家一级文物。

> 一马三司令，
>
> 得了抗日病。
>
> 专打日本鬼，
>
> 保护老百姓。

这是抗日战争时期在邹平、长山、桓台、高青一带人民群众广泛流传的一首民谣。被尊称为"一马三司令"的马耀南、马晓云、马天民，是周村城东北旺村马家三个亲兄弟。马耀南从爱国学生到八路军优秀指挥员，为清河区抗日武装的创建和抗日根据地的开辟做出了重要贡献。在马耀南的带动下，二弟马晓云、三弟马天民参加抗击日寇战斗走上了革命道路，先后为国捐躯成为抗日民族英雄。

1902 年，在山东省周村区北郊镇北旺村的一间屋子里传出了新生儿的啼哭声，一个男婴呱呱坠地。这个新生儿的降生让一家人沉浸在喜悦中。孩子的父亲希望这个孩子的到来能够给家族带来光明和兴盛，所以就为儿子起名叫马方晟，字耀南。

马耀南少时聪颖，1920 年考入济南一中。在军阀混战、中华民族濒临危亡之秋，年少的他就有了爱国思想，1919 年，当帝国主义操纵的巴

"一马三司令"马耀南、马晓云、马天民（油画）

黎和会拒绝废除"二十一条",作出让日本继续霸占山东胶州湾的决定后,他在日记中写道:"我们要把帝国主义赶出去,我们要做真正的中国人!"

五四运动爆发后,马耀南积极阅读《新青年》等进步书刊,开始接受共产主义思想的启蒙教育,并积极投入反帝爱国运动。1924年,他考入天津北洋大学,被选为该校学生联合会和天津学生联合会的负责人之一,成为了学生运动的领袖。国共第一次合作时,他满怀激情地参加了国民党,积极投入大革命的洪流。

1930年,马耀南作为天津学界代表参加了国民党的代表大会,期间他目睹了蒋介石的倒行逆施和国民党的黑暗腐败。马耀南决定中途退席,返回天津,参加倒蒋活动。也正因如此,马耀南被国民党以"亲共反蒋"的罪名开除了。

反动派的迫害,更坚定了马耀南与恶势力进行斗争的决心。他在日记中写道:"宇宙一战场,人生恶斗耳,一息尚存,绝无逃遁苟安之余地。一生死做硬汉,绝发一无聊呻吟语。咬紧牙关与困难做殊死战,一直向前迈进。"

1933年,马耀南受家乡长山县各界联名邀请,回到故乡出任长山中学校长。他立志为国家培育有用人才,走教育救国之路。在他出任长山中学校长后,提出了一系列新的办学方针。

马耀南就任校长一年后,毕业班参加国家会考复试,成绩名列山东省中等学校前茅。随后两年,长山中学学生成绩一次比一次好,长山中学名声大振。

马耀南在认真办学的同时,还把挂了多年的那块"学校重地、闲人免进"的牌子给摘掉了,一方面欢迎民众到学校参观,另一方面,他还亲自带领学生走出校门,加强同民众的联系。这一系列改革,为他日后策划、组织、领导抗日武装起义奠定了坚实的基础。

此时,马耀南的二弟马晓云已经身居周村"恒兴厚"钱庄副经理职位,三弟马天民也已经当上了两所店铺的掌柜。然而马家三兄弟有一个共同的爱国梦。

1937 年 7 月 7 日夜，日本侵略者制造了卢沟桥事变，发动了全面侵华战争。战争的炮火震惊了世界，也震动着马耀南的心，国家命运、民族危机重重地压在马耀南的心头。1937 年 8 月底的一个晚上，马耀南约马晓云、马天民见面，向他们讲述了七七事变后，日本帝国主义疯狂侵略中国的消息。马晓云和马天民义愤填膺，当即决定跟随马耀南共同抗日。从此，马家三兄弟齐心协力，共同走上了革命道路。

抗日战争全面爆发后，马耀南积极动员教工、学生，联合社会上的抗日爱国志士组织抗日武装力量。同时，团结二弟马晓云、三弟马天民共同加入抗日队伍，马耀南以教学改革的名义对课程进行调整，大量充实抗战救国的内容。又以办民众夜校的名义开办游击干部训练班，由共产党人讲授军事、政治课。后来其中不少人成为武装起义的骨干和附近各县的抗日积极分子。马耀南协助长山中学党小组在校内组织"抗日后援会"，建立"民先队"组织，举办游击战术训练班，为举行武装起义做思想和组织准备。

12 月，形势急转直下，日军由齐河、济阳以东分两路南渡黄河。12 月 24 日，日寇的飞机轰炸了胶济线上的长山城，战争的阴霾笼罩了整个长山县境。

长山中学党小组根据中共山东省委的指示，于 12 月 24 日召开紧急会议，决定发动抗日武装起义。12 月 26 日，姚仲明、廖容标、赵明新等带领长山中学 60 余名师生和 40 多名抗日骨干发动了黑铁山抗日武装起义，成立了山东人民抗日救国军第五军。几天后到达黑铁山的马耀南任临时行动委员会主任。马晓云任第七支队队长，马天民任第一支队队长。

五军成立后，马家三兄弟各出其力，马耀南凭借自身威望，不断团结周边的抗日武装。马晓云在周村惩治汉奸，扰乱日军在当地的活动，马天民则为部队筹款筹粮，募集军需物资，在三兄弟的齐心协力下，五军逐渐壮大了起来。他们面对穷凶极恶的日寇毫不畏惧，奇袭长山城、设伏小清河、血战白云山，在短短两个月的时间里三战三捷，打出了中国人的志气，第五军的队伍很快发展到 5000 余人。

1938 年 6 月起义部队编为八路军山东人民抗日游击第 3 支队（后改称八路军山东纵队第 3 支队），马耀南任司令员。同年 10 月加入中国共产党。他率部与日军多次作战，围攻周村、破坏胶济路、坚守邹平城、激战刘家井子，重创敌人。

然而，刘家井子战斗后，马耀南和杨国夫率领部队转移到桓台牛旺庄时，在这里遭到敌军包围，马耀南在牛旺庄大寨村壮烈牺牲。

马耀南牺牲的消息传来，马天民悲愤至极，立誓为兄长报仇。1939 年 10 月 15 日，马天民到长山县大新庄搜集枪支时，被叛徒出卖惨遭日军杀害，年仅 29 岁。他的头颅被日军残忍地割下，被悬挂在长山县城的城门上达数日之久。

大哥马耀南、三弟马天民的牺牲，强烈地震撼着马晓云。为了完成兄弟们的抗日遗志，他于 1939 年，在赵明新的介绍下加入了中国共产党。1939 年底，中共山东省委安排马晓云赴延安抗日军政大学第三分队学习。1942 年，从延安回来，马晓云先后担任八路军清西军分区副司令员、渤海军区第六军分区副司令员。1944 年 8 月，青城王家庄战斗中，在前沿指挥战斗的马晓云不幸中弹，壮烈牺牲。

1961 年，周村区人民为了纪念马晓云烈士，将烈士的遗骨移至周村烈士陵园安葬。与他的大哥马耀南、三弟马天民一起，共同安息在故乡苍松翠柏掩映的墓地中。

人物
小传

马晓云（1906—1944），原名马方昱。周村区张坊乡北旺村人。周村高等小学毕业。他资质聪明，性情豪放，乐交往，善武术。1924 年赴天津参加东北军，屡立战功，升为营副。目睹日军的种种暴行，毅然回乡，待机组织抗日武装。1938 年 1 月，日伪军突然包围北旺庄，他被捕入周村宪兵队，备受酷刑，毫不屈服，后经邻里保释出狱。不久即组织武装。4 月任山东人民抗日救国军第五军第七支队支队长。6 月任八路军山东人民抗日游击队第三支队七团团长。1939年初夏奉命率部插入敌后，开展对敌斗争，曾亲率部队拔掉小周家庄据点，炸铁山敌人火药仓库，破袭敌人铁路车站等，给敌人以重创。是年加入中国共产党。同年年底被派往延安抗日军政大学学习。1942年夏初返回山东，任清西军分区副司令员，开辟长白山根据地，使清河到鲁中地区地下交通线得以畅通。后任清西专员公署专员。1944年任渤海军区第六军分区副司令员。8月，在攻打青城附近王家庄据点时，因炸药包被敌人炮弹击中被炸牺牲。

马天民（1910—1939），周村区张坊乡北旺村人。15岁下学后，曾在济南学徒。20岁继承父业，经营"恒盛栈"酒店。受其兄马耀南爱国热情影响，于1937年冬弃商投戎，参与抗日工作，四处奔波，收集枪支。翌年1月组建山东人民抗日救国第五军第一支队，任队长，活跃于长山、邹平、桓台、章丘一带。6月任八路军山东抗日游击队第三支队独立营营长。10月为解决部队供应问题，三支队司令部决定邀请当地有名望的抗日爱国人士组织"募集委员会"，并派马天民具体负责这项工作。他勇挑重担，不负众望，募集到大量物资和经费，有力地支援了抗日武装斗争。1939年10月前往长山城大新庄搜集枪支时，被叛徒出卖，在撤退激战中牺牲。

下
篇

第一章　一级文物
▽
▽
▽

2. "一门忠烈"木匾

文物名称："一门忠烈"木匾

收藏地点：淄博市博物馆

　　1984 年，冯旭臣之子、原山东艺术学院院长冯毅之同志将"一门忠烈"木匾捐献给淄博市博物馆。这块木匾通长 197 厘米，通宽 85 厘米，黑底金字，首行写"烈士旭臣冯老先生暨子女媳孙殉国纪念"，正中刻"一门忠烈"四个金色大字，落款为"鲁中参议会、行政公署敬赠，中华民国三十五年四月"。它的背后是山东抗战史上壮烈的一页。

　　马鞍山位于淄河流域上游，是渤海到鲁中山区的交通要道，在军事上极为重要。当时，山上只驻了八路军一个班的正式部队，其余都是伤病员，冯毅之的一家人也在其中。父亲冯旭臣管理山上的伙食，爱人孙志兰和妹妹冯文秀为战士缝做军衣。冯毅之的大孩子叫新年，十二岁。二孩子叫芦桥，是卢沟桥事变那年生的。三孩子叫平洋，是太平洋战争爆发时生的。

　　1942 年 11 月 9 日，敌伪对鲁南根据地大"扫荡"结束返程途中，包围马鞍山并进行攻击。那时，冯毅之带领部队刚刚转移到险要而偏僻的朝阳洞顶。朝阳洞顶并不低于马鞍山峰，两山的距离，直线也只有十里，因此，马鞍山的情况看得十分清楚：两架飞机不断地出现在山峰的上空，盘旋飞翔，又扫射又丢炸弹，炸弹爆炸时，声如沉雷，烟云难分。听到爆炸声和枪炮声，冯毅之的心就提到胸口。坐在冯毅之身旁一同遥望的同志也静默无语，心情一样忧虑沉重。枪炮声愈来愈紧，战斗愈来愈烈。孩子满脸惊恐的样子仿佛就在冯毅之的眼前，在山上爆炸的炸弹就像炸在他的心里。

飞机轰炸，大炮和步、机枪射击，一天来时紧时缓，时断时续，到了下午五点，才逐渐平静下来。战斗一停，冯毅之的心情反而更加紧张了。战斗的胜负如何？同志们的情况如何？家人的情况如何？这些想急于了解的问题，却无法知道，像块大石头压在心上，使人万分焦急，坐卧不安。同志们谁也不愿离去，仍坐在山石上，忘了饥饿，不顾寒风吹袭，向南遥望着马鞍山影。这时山上忽然传来了钟鼓声，同志们高兴得跳起来，郁闷沉重的空气立即消失了。原来，根据事前的规定，这是山上发出的平安无事和捷报的信号。同志们立即欢呼起来。冯毅之一生不知听到过多少次钟鼓声，却从来没有感到像这次那么激动人心！

第二天黎明，枪炮声传来，敌人又开始向马鞍山进攻了！天是阴沉沉的，乌云密布，寒风刺骨，同志们流着泪站在山石上向马鞍山遥望，心中充满无能为力的痛苦。

异常激烈的战斗进行了一整天。飞机增到三架，在山上空盘旋，抛弹轰炸，俯冲扫射，没有一刻间歇。轻重机枪的射击更是密集，在山谷中发出巨响，像刮起狂风。浓烟云雾笼罩了山峰，山的面貌已模糊不清，只能看到耀眼刺目的火光。天黑了，战斗才停止。冯毅之和战友们忍耐等待，遥望马鞍山，希望能听到钟鼓声。一直等到深夜，任何动静也没有。马鞍山上闪烁着微小的灯火，说明那里仍有人在，是我们的同志呢？还是敌人呢？

到了下午，战斗情况基本弄清了：第一天敌人进攻失败，恼羞成怒，当天夜里敌人把重机枪和炮运到马鞍山周围靠近的山峰上。第二天在三架飞机配合下，组织了强大的火力，把马鞍山的防御工事全部摧毁，步兵才开始攻击。敌人遭到战士们的顽强抵抗，一次又一次的失败，伤亡极大。到最后，守山的战士弹药全部用完，石块成了唯一武器，一直到最后一分钟。战士、干部和家属全部光荣牺牲，不但没有人屈服投降，也没有人做俘虏。敌人所得，只是一个血染石红的空山峰！

山上幸存的只有刘厥兰和王德善两位同志。从他们口中，冯毅之进一步详尽地了解了马鞍山战斗的悲壮情景。

十日下午，山上的子弹和手榴弹全部消耗完了，石块成了唯一的武器，同志们的伤亡逐步增多。在最危急的时候，家属也投入了战斗。冯毅之父亲冒着炮火弹雨从东峰到西峰送水送手榴弹，冯毅之妹妹在猛烈的炮火战场上唱歌喊话给战士们打气，并传递情报、救护伤员。父亲在搬运石头时牺牲了，这时妹妹也负了重伤。最后，她把一块石头狠狠地砸向敌人，随之跳下了悬崖。冯毅之的大女儿也被炮弹炸死。

然而，由于叛徒的出卖，南天门失守了。天快黑时，敌人占领了山腰。王凤麟同志以最后的气力毁掉他的狙击枪，用手枪自杀了。剩余的同志们最后想出了一个办法，用做军衣剩下的布连接成一条长带，一头拴在山上的松树上，一头垂到崖下，人可以抓住布条下山。结果天太黑，形势紧急，不知道崖高布短，下垂的布条还离地两丈多，因此下去的人基本全部摔死。

死里逃生的王德善对冯毅之说："老冯，再告诉你一件更悲惨的事，希望你听了不要太难过。你二女儿芦桥死得可真惨。你爱人抓住布条下山时，芦桥是在妈妈的背上，平洋是在妈妈的怀里，大约你爱人摔死在地面时是腹朝下背朝上的，芦桥当时并没摔死。我在悬崖上的那天夜里，可以听到她的哭声和喊叫声，她叫着爸爸妈妈，喊着冷和渴。我听了真是心如刀绞，痛苦难忍，但我只有干着急，没有办法救她，眼看着她在死亡线上挣扎，受苦受罪，慢慢死去。快到天明时就什么动静也没有了。"第二天晚上冯毅之下山的时候，摸了摸她，她同她妈妈一样已经全身僵硬了。

王德善同志最后的谈话，把冯毅之心灵上的伤痕刺得更痛。一个无辜可爱的孩子求活不得，慢慢死去的惨痛景象，时刻映在冯毅之的脑海。

72

有好长时间，冯毅之在深夜的梦中听到她那求救的悲惨的哭喊声。

日本军国主义对中国人民犯下的滔天罪行，永远也不容忘却。

冯毅之（1908—2002），山东青州人。1929 年秋，考入了山东省高级中学（现济南一中），在校期间思想活跃、追求进步，有较高的声望，曾任校学生会主席。1930 年，加入了中国共产党，建立了"北平左联"，并任组织部长。1937 年后投笔从戎，在淄河流域组织了抗日游击队。1949 年加入中国作家协会。新中国成立后历任中共山东省宣传部文艺处长和省文联党组书记，山东省文化局长兼党组书记等职。2002 年去世。著有短篇小说集《日月星》，诗集《萤火诗集》《淄流》《六十年作品选》等。

3. 《山东劳动周刊》第一号

文物名称：《山东劳动周刊》第一号

收藏地点：中国国家博物馆（淄博市博物馆藏存复制件）

　　1922 年中国劳动组合书记部山东分部出版的《山东劳动周刊》第一号（复制品），长 43 厘米，宽 30 厘米。原件被中国革命博物馆（现为中国国家博物馆）收藏，1980 年 7 月 1 日淄博市博物馆将其进行复制入馆。王尽美撰写的《矿业工会淄博部开发起会志盛》发表于此刊上，从此，"淄博"作为一个地区名称第一次出现在党的历史文献中，王尽美与"淄博"的命运也紧紧联系在了一起。

　　中国共产党成立后，中心任务是宣传发动工人运动。当时的淄博矿区是全国三大矿区之一，有矿工 3 万余人，是山东最大的煤矿区。特别是以淄川煤矿为中心的北部矿区，是中国矿业产业工人最集中的地区之一。为此，中共一大代表王尽美、邓恩铭在研究山东工作计划时，首先把组织开展淄博矿区的工人运动作为工作重点。特别是王尽美同志，在领导全省工作的同时，先后四次到淄博矿区宣传马列主义，组织工人运动。

1921年冬，王尽美特邀中共北京区执行委员会书记、北方劳动组合书记部主任罗章龙到山东考察，并亲自陪同到张店、博山等地，深入煤矿、铁路、车站、工人居住区考察工人生活状况，宣传马克思主义。他们深入淄川、博山的铁路和矿区，在窝棚里与工人们亲切交谈，动员工人们团结起来，同资本家作斗争，争取自身的解放。王尽美编写了"工人白劳动，厂主吸血虫，工人无政权，世界太不公，工人站起来，革命打先锋"的歌谣。这是中国共产党第一次来到淄博地区开展革命活动，点燃革命之火。

1922年6月下旬，王尽美在召开了山东第一个工会组织——津浦铁路济南机车厂工会成立大会后，立即赶来淄博指导建立淄博矿区的工会组织。

6月25日下午7时，淄川、南定、博山、西河一带的煤矿工人代表250多人，在洪山镇马家庄机器图算学校院内，召开了矿业工会发起会。在成立大会上，淄博工人第一次喊出了"团结起来，组织起来，反对资本家的剥削与压迫，争取自身解放"的口号。王尽美在会上发表了讲话，他说，"我们工人是创造世界的主人，可如今我们数万炭矿工友们，还长久屈服于资本家剥削之下，每天埋在矿井下的炭堆里，一滴汗一滴血地做十几个钟头的工……我们要团结起来，组织与自己谋利益的团体……"会议选举成立了淄博第一个工会组织——山东矿业工会淄博部，通过了工会章程。

会后，王尽美撰写《矿业工会淄博部开发起会志盛》一文，记述了这次大会召开的盛况。7月9日，《山东劳动周刊》第一号发表了王尽美的这篇文章。文章中热情赞颂淄博矿工的觉悟，称赞矿业工会淄博部的成立是"中国劳动运动之曙光""山东劳动界空前之盛举"。文中，"淄

王尽美在淄博（油画）

博"作为一个地区名称第一次出现在党的历史文献中。

山东矿业工会淄博部是继津浦铁路济南机车厂工会之后山东建立的第二个工会组织。它的建立标志着淄博工人阶级开始由"自在阶级"向"自为阶级"转变。它唤起了广大矿工团结斗争的意识，扩大了党在群众中的影响，为淄博地方党组织的创建奠定了深厚的阶级基础。

1923年8月，时任中共济南地方执行委员会书记的王尽美正在青岛开展斗争，听闻淄川鲁大公司"裁人"事件后，立即与邓恩铭商议发动工人进行斗争。10月，王尽美亲自赶来淄川矿区，深入工人居住的窝棚了解情况，鼓励工人们站起来与资本家进行斗争。

王尽美对工人们非常热情，主动和他们握手。满手炭黑的矿工们不好意思伸出手来，王尽美总是深情地说："别看你们身上沾满炭泥，可是这两只手却能创造世界万物……"矿工们深受感动地说："他是我们的知心人，能代表我们的利益，我们要跟他走！"王尽美到淄博，促进了淄博地区党、团、工会组织建设和工人运动的发展，引导淄川炭矿工人多次取得了对抗资本家裁人、减薪斗争的胜利。

1924年11月，孙中山为了准备在北京召开中国共产党倡议和支持的国民会议，发动人民运动，委派王尽美、王乐平等为国民会议特别宣传员。王尽美这时已患肺病，仍然带病奔波于各地，宣传党的主张，组织发动群众。

1925年2月，他在成立起青岛国民会议促成会后，又到淄博开展工作。他向淄博矿区的工人宣传促成国民会议运动，再次考察工人劳动和生活状况。2月下旬，组织成立了淄博国民会议促成会。同月，中共山东地方执行委员会成立，王尽美被选为委员。

1925年8月19日，王尽美带着对共产主义事业无限的憧憬和眷恋，在青岛溘然长逝，终年27岁。王尽美在病危之际，委托当时青岛党组织的负责人，笔录了他的遗嘱，"全体同志要好好工作，为无产阶级和全人类的解放和共产主义的彻底实现而奋斗到底"。

王尽美的一生，是短暂却燃烧的一生。为了共产主义事业，他鞠躬尽瘁，初心不变。他几次到淄博地区，促进了淄博地区党、团、工会组织建设和工人运动的发展，引导淄川炭矿工人多次取得了对抗资本家裁人、减薪斗争的胜利。

王尽美（1898—1925），山东省诸城人。中共一大代表、山东党组织的缔造者和早期领导者。1920 年 3 月，成为北京马克思学说研究会通讯会员。1921 年春，组织成立济南共产党早期组织。1921 年冬至 1924 年淄博地方党组织成立之前，先后多次来淄博传播马克思主义思想，播撒革命火种，为淄博地方党组织的创建奠定了坚实基础。

《山东劳动周刊》第一号原文：

矿业工会淄博部开发起会志盛

王尽美

△开会前散发传单通知

△到会代表二、三百人

△旁听者堆满庭院

△公举大会筹备员

△组织临时交际团

△演说者痛快淋漓

△鼓掌如雷欢声震地

△精神贯注始终如一

△真是中国劳动运动中之曙光呵！

△真是山东劳动界空前之盛举呵！

淄川博山一带的煤矿，真可说是在中国北部几省中有名的产煤场，合计起来连机器工、土木工带采炭工，不下数万人，但有句俗话说："越是工场所在地，越是工人屠宰场。"于今这数万炭矿工友们，久屈服在资本家剥夺之下，说起他们的生活来，真是暗无天日。有些人伏在机器上，有些人埋在炭堆里，每天一滴汗一滴血地做十几点钟的工，稍一不填[慎]，还要连命舍上，而工钱仅得两三毛钱，不但劳碌一生得不到一点好处，结果还要受冻挨饿。这是何等不平的事啊！但是现在好了，因为有许多工友们已经明白了，我们工友们是很可尊贵的，是很有能力的。一方面见世界各国及中国各文明区域劳动运动到那样轰轰烈烈的程度，一方面又眼看着自己这数万矿工伙伴过量[着]这样悲惨非人道底生活，不由得要起来联络同志，组织为自己谋利益底团体。而全体工友们，虽说是没知识，难道自己受着这样的痛苦还不能结合起来，改善自身的生活吗？

所以现势既到了置境，有明白人当来一提倡，全体即翕响应了，暗中酝酿不到两星期，竟有矿工发起会的结果出现。

这个发起会既是工友们自发的，他们开会时那种欢乐的情景也就可想而知了。在未开会的头一天，就发行一种传单，大意如下：

兹定于本月（6 月）25 日（星期日）下午七点钟，假马家庄机器图算学校内开矿业工会发起会，届时务请派代表到会，讨论一切……

这种传单一出，本厂各部如电气部、土木部、机器部、翻砂部、著到部、唧筒部、库房部、医生部、采炭部……都纷纷选派代表预备加入。

外场如十里庄、南旺、大昆仑、南定、西河……左近各炭坑，也派代表来，到开会日下午五点多钟，往马家庄各路上底代表即络绎不绝。至于会场底布置很简单，正面悬一大黑板，讲坛前面一方桌藉作讲台，台左为书记席及签到处，其后整整排数十条长凳，为代表席。各代表到时，都自由和约到签到处签到，尚未到开会时间，而代表签到者已达 250余人，后来者却因地狭人多，拥挤不堪，竟不得到前面签到。

时间既到，遂振铃开会，大众公推陈锡五先生为主席。陈君年高有德，自德人开办此矿，陈君即在机器部做工，于今已 20 余年，为现在矿友中之资格最老者，又兼以处事公道，凡为工友们幸福底事情，无不尽力提倡，是以素孚众望，而且又为本会发起人之一，故被推为主席。但陈君因自己年老气弱，遂请卢介人先生代表。当由卢君登台致开会词，大致说：

"我们工人是创造世界的主人翁，按公理说，惟有我们工人才配享受世界一切物质的文明，惟有我们工人才配享受人生一切精神底快乐，但是实际怎样，我们工人不但得不到幸福，反过着惨苦不堪底生活，反受奴隶牛马不如底待遇，尤其是我们矿工，天天埋在炭堆里，什么是卫生，什么是快乐，天天赔上血汗拼上生命，一天做十二点以上的工作，工资仅得两、三毛钱，连吃穿都不够，像这样一天一天底下去，大家想想，我们到头来的结果是怎样底危险。不过我们自身的幸福靠旁人来提拔是不行的，只有我们工友们团结起来，去为自己争人格。今天这个会，就是我们工友们团结起来第一次的表现。居然代表到这么多人，可见工友们已经觉悟了。此后我们只有努力进行，举出负责人来筹备一切，以俟大会成立，我们底经济也充裕了，我们底力量也雄厚了，到那时我们要如何便如何，那才显示出我们劳工的神圣来……"报告毕，接着就按照顺序单位先公举筹备员 20 人，筹备大会进行一切事宜，录名如下：

余玉如	顾永增	陈锡五	罗金章	关子良	袁荣芳
刘德全	赵文海	杜金台	赵受天	冯佐臣	卢介人
魏雨亭	郑克柔	周正元	沈锡九	陈玉成	王魁标
朱金声	王文章				

接着又公举临时交际员 42 人，担任在未开大会以前对内外一切交际，录名如下：

顾永增	罗金章	李井五(?)	陈德昌	杜金台	杨成斋
毛如贤	王顺金	宋锡恩	高玉江	宋锡岭	刘光发
刘春平	刘春山	王子明	刘鸿莱	邓玉堂	谢廷俊
杜金濮	王勤	孟广宇	王芹言	杨文卿	戴德符
赵庆柱	李香荃(?)	张宝田	陈起凤	曾际虞	邓希芝
关铭勋	张金声	朱长富(?)	李云声	樊锡麟	周正元
王文章	沈锡九	陈玉成	王魁标	宋金声	周宪章

诸多事情既讨论过去，随请各委员演说。如余玉如、顾永增、王尽美、王俊民、宋绍夷诸君都有极浓挚底演说。一时听众无不动容，真是鼓掌如雷，欢声振地，诚山东工界中空前未有之盛举也。

这次大会，更教我们敬佩！惊异的更有数事：

（一）秩序井然。无产阶级底集会，顶难维持的就是秩序。一来因为工友们没有知识，二来因为工友们没受过团体开会的训练。所以每逢工人开会，秩序都不甚好。但是这个会真叫我们快乐极了。会场上公有一所小房子，而到者数百人之多，不但没有那许多座位，就是站着也拥挤不开，又兼之暑气熏人，会员汗流夹［浃］背，不谓开会时间延长三小时之久，不但秩序始终如一，并且有疑问就起立质问，有意见就起立发表，那种活泼而沉静的精神，真叫我们佩服煞。

（二）意见一致。我们工人从前因为没有团体，往往被资本家的愚弄，受资本家暗示，把自己的团体分裂成各帮各派，彼此仇视，彼此攻击，使资本家坐收渔人之利。这固然是因为自己没有团体底缘故，然这意见不除，也实为结合团体之障碍。而本会的好处，第一件就是消除意见。因为以前本厂工人自己也有各派别之恶感，好在现在觉悟了，大家把以前的错误立刻消释，这真是我们工人底好现象啊！

其余还有好多可记载底地方，因为篇幅太长，只好从略。总而言之，劳动运动的新潮，中国比起各国来已显落后又落后了。尤其在中国北方的山东省，更是长夜漫漫，不见一线曙光，又谁知在底层在黑暗势力之下的矿工队伍里，竟于不知不觉之中发生此空前盛会，真令人警异！真令人敬佩！我们在欢乐到无所置词了，只好表示120分的诚意欢呼：

山东矿业工会淄博部万岁！

全世界无产阶级联合起来呀！

在他们的发起会未开前，还发现了劝工友们入会的一种传单，特介绍如下：

传单

劝工友们速来入会

诸位工友们，我们大家想想，我们现在过的是什么样的生活，有些人埋在黑炭堆里，有些人伏在机器底下，有些人来往跑着运材料，没昼没夜地做十好几点钟的工，一旦出了工厂门，不是睡就是赌，这样机器式的生活何等的无趣呵！我们凭着一滴汗一滴血挣来的工钱，不知好生储蓄着，喝、赌、嫖、吹无件不干，到月头只落得混身净光。如若一时有了意外的事情，或是老了不能工作的时候怎么办？而且作这种工，真是生命轻于鸿毛。难道我们就不想保险的法吗？我想这些事情大家一定很明白。所以不能办，就是因为没有团体的缘故。

我们发起这个工会，就是想将我们全体工人组织成一个团体，专给我们工友们谋利益。我们的行为哪点不好，我们想法子改了他。厂里哪样待我们不好，我们就要求改了他。工钱若不够底，我们就设法叫厂主加。生活若没乐趣，我们就办个俱乐部，大家进去乐乐。总而言之，我们只要团结起来，什么事也好办。无论自己办银行也好，办售品所也好，办饭店也好，办俱乐部也好，办学校也好，都与我们有很大的好处的。我们现在只要到了一定底人数，就选举筹备员，草简章，开成立会，大家快快的来加入吧！工友们到了时候了，各地方的工友们都联合起来了，我们大家也赶急成立这个会吧！

（原载 1922 年 7 月 9 日《山东劳动周刊》第 1 号）

第二章 三级文物

1. 抗日战争时期张仲甫使用的铁文件盒

文物名称：抗日战争时期张仲甫使用的铁文件盒
收藏单位：淄博市博物馆

七七事变后，在全国上下掀起了如火如荼的抗日热潮，山东各地纷纷建立抗日武装，中国共产党的各级组织也如雨后春笋般应运而生。1937 年 10 月，在博山县七区的小口头村成立了博山地区农村第一个基层党支部——小口头村党支部，张仲甫便是当时党支部的成员之一。

张仲甫是乡间闻名的郎中和小学教员。由于从小崇拜孙中山先生，少年时便立志做一个革命者，辛亥革命胜利后，他是全村第一个剪掉辫子的人，受到了大家的关注。辍学后，他白天务农，晚上在油灯下苦读，自学成才。当时本地群众有病靠求神、拜佛、喝香灰，常有人丧命的悲惨景象使他下决心从医。由于勤奋好学，他竟无师自通，开始了尝百草、上山采药、送医上门的乡间郎中生涯。他服务周到热情，收费低，对家庭困难者免费送医送药，受到庄里乡亲的拥戴。

几年行医的实践，他认识到民众精神上的愚昧，更甚于身体疾患。他便将主要精力投在了平民的启蒙教育事业上，与乡里几个志同道合者把村里的庙宇改成了学校。由于缺少经费、桌椅等办学物品，他们将庙里几株百年古树锯倒用于办学，因此触动了周围的封建势力。他们妖言惑众，说这是破坏风水，将遭不测之灾，将张仲甫告上公堂。但这些伎俩都没能阻挡张仲甫他们的决心。在广大民众的支持下，他们硬是办起了方圆十几个山村的第一所学校。

在接触到中国共产党的主张和革命思想前，张仲甫充分利用饭桌、课堂、集市等场所不遗余力的宣传孙中山的革命主张；他在自己的住房里挂满了孙中山先生的名言条幅，院内照壁上的"福"字被醒目的四个大字"唤起民众"所代替。为了提高教学水平，张仲甫报名考取了博山师范举办的师资短训班。在这里，他结识了张敬焘、蒋方宇等人。

1937年的夏秋之际，张敬焘、蒋方宇等人到农村建立抗日根据地，他们以与张仲甫同学同事的名义到小口头村进行抗日救国的宣传活动。这时，张仲甫有机会接触并阅读《论持久战》《中国革命和中国共产党》等革命书籍，完全彻底的接受了中国共产党的纲领和抗战主张，认识到只有中国共产党才能救中国的道理。在小口头村，当时正值八、九月间，天气炎热，他们便以歇凉为借口在张仲甫家大门外场院边的一块适合乘凉的地方聚集，蒋方宇拉着胡琴引来了不少群众，集合一些人后，便开始做宣传讲话。

到了10月份，张敬焘等开始在小口头村开展党组织的发展工作。经张敬焘、蒋方宇等同志介绍，张仲甫、张福堂、张香甫、董日升等四人正式加入了中国共产党，随后即成立了小口头村党支部，由董日升同志任支部书记。

小口头村党支部成立不久，根据形势变化，张敬焘等同志开始秘密组织动员参军。通过张仲甫到东庄找李克英等人进行动员，前后有 30 余人参加了廖容标的四支队。张仲甫参军后开始当中队长。不几天，领导找到张仲甫说："你有社会地位，不仅建军需要，发展地方工作也很重要。"随即便派他以小学教师的合法身份，回博山做地方建党工作，任七区党的负责人。

1939 年夏，组织上派张仲甫到博山三区开展工作。这次他是带病赴任的。两年艰苦的对敌斗争，他的健康受到严重影响。到三区去，要借道莱芜，路上遇到连续几天大暴雨，吃不上饭，又患上重感冒，张仲甫终于病倒。无奈之间，他只好暂且回家治病。

1940 年 5 月 9 日，日伪军在博莱边区实行残酷扫荡，蚕食解放区，敌人在交通要道按设据点，推行其强化治安。国民党部分队伍纷纷投敌，充当汉奸，敌、伪、顽、匪，狼狈为奸，抓捕革命同志，绑架毒打革命家属，抢劫牲畜粮食，实行残酷镇压，妄图消灭革命。在一时乌云滚滚、十分险恶的环境下，党的活动加强隐蔽斗争，被敌人抓捕去的革命同志，有的被毒打，有的被残杀，但我们的革命同志没有一位向敌人低头，他们大义凛然，宁死严守党的秘密，表现了共产党人威武不屈的高尚气节。此时，小口头村也正处于白色恐怖之中。国民党顽匪秦启荣、翟汝鉴等 300 余人驻在小口头村周围，小口头村成了敌人围剿的中心。张仲甫家也成了敌人每天搜捕破坏的重点。与张仲甫认识的亲属、村干部和群众被吊在院内树上拷打、审问，索要钱粮，追问张仲甫的下落。

越是危险的地方有时就越安全。敌人怎么也没有想到张仲甫就藏在家中院内东北角柴屋内的柴草中！然而，此时正值酷夏，高温、潮湿、蚊叮虫咬，加上缺医少药，张仲甫又牵挂转移出去的同志和家人的安全，更忍受不了敌人对家属及同志们严刑拷打的惨叫声，几次想冲出去与敌人拼命，不想未曾起身，便因身体极度虚弱而昏厥过去。最终，张仲甫在内外交困的境况中含恨而逝。

2. 抗日战争时期景晓村政委办公用的铁豆油灯

文物名称：抗日战争时期景晓村政委办公用的铁豆油灯

收藏地点：淄博市博物馆

抗日战争时期，辽阔的清河平原，既是威胁敌人的交通要道和战略要地，又是胶东、鲁中、冀鲁边三大战略区交通联络的枢纽。1938 年 5 月，中共清河特委建立，我党团结带领清河平原的人民群众一道，同仇敌忾，浴血奋战，创建了清河区抗日根据地，配合全省、全国的抗日战争，在抗日战争史上书写了光辉的一页。

清河地区，在抗日战争时期是指小清河流域各县，东至昌邑，西抵章丘历城，南达胶济铁路，东北濒临渤海，处于鲁中、胶东、冀鲁边三个战略区之间，战略位置十分重要。

1938 年 1 月 15 日，中共中央在给中共山东省委的信中就指示，工作应以发动游击战争与建立游击区根据地为中心，将工作中心放在鲁中区，依靠新泰、莱芜、泰安、邹县的工作基础，努力向东发展。

省委根据这一指示精神，决定把徂徕山起义后成立的八路军山东人民抗日游击队第四支队分为两个大队，第一大队由山东省委代理书记、四支队政委林浩，司令员洪涛率领，向莱芜、博山、淄川一带发展。4月上旬，第一大队到达淄川县，与廖容标、姚仲明率领的山东人民抗日救国军第五军一部会师，史称磁窑坞（今淄川区昆仑镇）会师。

到了磁窑坞之后，省委在这里由林浩主持召开了扩大会议。会议研究了中共中央对山东省委的指示，传达贯彻了毛泽东的《论持久战》，分析了形势，研究了如何进一步开展对敌斗争、开辟根据地等问题。

1938年4月，中共鲁东工委书记鹿省三牺牲后，八路军第七、第八支队东进胶东，鲁东工委机关实际上已经自行撤销。为加强对清河地区工作的领导，1938年5月下旬，中共苏鲁豫皖边区省委决定成立中共清河特委，霍士廉任书记，金明任组织部长，赵明新任宣传部长，杨国夫任军事部长，张天民任职工部长，李云鹤任统战部长。清河特委成立后，立即着手恢复、建立、充实各县党的领导机构。中共淄川县委、中共博山县委、中共临淄县委建立，中共桓台县二区和中共长山县九区两个中心区委相继成立。

1938年10月，日本侵略军占领了胶济铁路沿线各县城，面对急剧恶化的形势，中共清河特委根据上级指示，在临淄区敬仲镇的苇子河村召开了一次重要会议。这次会议迅速扭转了清河区的局势，对建立清河区抗日根据地、发展壮大抗日武装，具有十分重要的历史意义。

临淄、寿光、广饶、长桓、益都等地的县委书记，以及高苑、桓台、长山等地的共产党员一百余人参加了会议。会上清河特委书记霍士廉传达了省委书记郭洪涛关于《目前战争形势及我们当前任务》的报告，明确提出了建立抗日根据地的任务，要求迅速恢复和发展地方党组织，广泛发动群众，建立抗日自卫团，壮大八路军和地方游击队，积极开展敌后游击战争，组织工农青妇等抗日救国群众团体。

苇子河会议之后，成立了中共长（山）桓（台）临（淄）益（都）四边县委，孙铁民任书记，同时清河特委抽调了一批部队干部，分别派往地方任职，加强地方党组织工作。自1939年1月起，中共清河特委在邹平、长山、桓台、齐东等地区，以自然村为单位，将年满18岁至45

岁的青壮年登记造册，编入自卫团。

1939年春节前后，相继组建邹长边区自卫团，长山第五、第六边区自卫团第一、第二团，长桓边区自卫团，邹长齐桓高边区自卫团等。随后其他地区也纷纷建立起自卫团，人数达5000余人。同时各地的县区武装，如长桓独立营、临淄县大队等部队陆续建立，至1939年夏天，清河区地方武装发展到2000余人。

1939年5月，霍士廉调离，景晓村接任特委书记，这时全区党员已发展到9000多名。1939年9月，中共清河特委根据山东分局的指示，改建为中共清河地委。中共清河特委和中共清河地委的成立，使清河广大地区的抗日斗争有组织地开展起来，为清河区抗日根据地的建设作出了重要贡献。

景晓村（1917—1994）原名景慕达，章丘区人。1933年考入济南山东省立第一乡村师范学校读书。1935年加入中国共产主义青年团，同年10月加入中国共产党。积极投入党的地下斗争。1935年12月在济南积极参加一二九学生爱国运动。1936年春，任中共济南乡师支部书记。8月，受中共山东省委的委派，以省委组织员的身份到博兴、潍县、广饶、寿光、益都、临朐等地检查工作，帮助恢复、建立党组织。七七事变后，调任中共山东省委巡视员、秘书长。1938年1月，参加省委领导的徂徕山抗日武装起义，历任八路军山东人民抗日游击第四支队政治部副主任，第一团政委，中共山东省委青年部长，中共鲁东南特委书记兼第二支队政委，中共清河特委书记兼八路军山东纵队第六军分区政委，中共清河区党委书记兼八路军清河军区政委，中共渤海区党委书记兼渤海军区政委等职。新中国成立之后，任农业机械部副部长等职。

霍士廉（1909—1996），山西省忻州人。1930年在忻县中学参与组织革命青年团。1936年1月加入中国共产党。先后任中共陕北关中特委宣传科长，陕北富县抗日救国会会长，中共富县县委书记，中共陕甘宁边（特）区委员会秘书长，为边区抗日根据地的建设和发展做出了积极贡献。1938 年 5 月受中共中央派遣，由延安来山东工作，任中共清河特委书记兼八路军山东人民抗日游击队第三支队政委，中共山东第一区（大鲁南）党委委员、政权部部长兼统战部长，山东省民众总动员委员会副主任、山东省各界救国联合会会长，中共鲁中区党委书记兼鲁中军区政委、鲁中区党校校长，沂山地委书记兼军分区政委等职。1948 年 1 月任华东局秘书处处长，为干部南下和接管浙江省做了大量的准备工作。新中国成立后，任陕西省委第一书记、中共宁夏回族自治区党委第一书记等职。

3. 抗日战争时期烈士郇振民使用的铁墨盒

文物名称：抗日战争时期烈士郇振民使用的铁墨盒

收藏地点：淄博市博物馆

在淄博市博物馆，收藏着一个正方形铁墨盒。墨盒边长 8.9 厘米，高 2.8 厘米，重 316 克。这是八路军山东纵队博山县独立营副营长郇振民烈士生前使用过的墨盒，是 1937 年前郇振民以短期小学教师的身份为掩护，与张敬焘等同志在西域城村坚持党的秘密活动时使用的文具。

郇振民自幼习武，有较好的武功基础，1937 年抗日战争爆发时，他在家乡小学当教员，白天教学生学文化，晚上教学生们习武，随时准备杀敌报国。后在共产党员张敬焘、蒋方宇等人的影响下加入了中华民族解放先锋队，1938 年 8 月，加入中国共产党，以小学教员的公开身份进行党的秘密活动。

1942 年夏，郇振民调任博莱独立营营长。中共山东泰山地委领导下的博莱蒙地区，是山东三大抗日根据地，即鲁中区、渤海区、胶东区的联络交通要道，敌人视为眼中钉、肉中刺。八路军主力部队依托泰沂山区开展游击斗争，泰山军分区司令员廖荣标率一个营驻扎在南博山尹家峪，郇振民率博莱独立营两个排扼守在池上无儿岗上。

1942 年秋天，日伪军集结了 1.2 万人，对鲁中山区进行"铁壁合围"式扫荡，企图寻找八路军鲁中主力部队决战，消灭抗日武装。日伪军企图偷袭泰山军分区指挥机关，吃掉这一地区的八路军主力部队。11月10日，日伪军主力来袭，博莱县独立营由郇振民率部到达下庄村迎敌，吸引敌军注意力，掩护泰山军分区机关和群众转移。

郇振民把独立营身边仅有的两个排分成两路，一路由指导员率领突围，掩护群众转移；另一路由他和徐文华连长带领，迎击正面的日军，接连打退了日军三次进攻后困在敌人增援部队三面包围之中。

为了吸引日军的注意力，确保军分区机关和人民群众的安全转移，郇振民带领战士们迅速插向北面的桃花岭，抢占三面都是悬崖峭壁的制高点——双崮堆。这时，大批日伪军从三个方向疯狂向双崮堆攻击。郇振民命令警卫员任春三带着重要文件突围出去，向军分区首长报告："独立营就是战斗到剩下一名战士，也要把敌人牢牢地钉在桃花岭上。"

为了节省子弹，直到敌人距山顶30米左右时，郇振民大喊一声：打！战士们枪弹齐发，把敌人压了下去。郇振民对战士们说，"我们多坚持一分钟，首长和群众转移就多一分安全！我们一定要牵制住敌人，为大部队和群众安全转移赢得时间！"

敌人一连发起了几次进攻，战斗异常激烈残酷。山上山下硝烟弥漫，爆炸声、喊杀声、敌人的惨叫声混杂在一起。战斗一直持续到黄昏，郇振民和战士们顽强坚守阵地，吸引日军，为军分区机关和群众转移赢得了宝贵的时间。

临近天黑时分，日军组织兵力向桃花岭再次发起了疯狂的进攻。山上的机枪、步枪吐着火舌射向敌人，敌人死的死，伤的伤，乱作一团。这时，枪声突然停止了，坚持了一天的战士们子弹打光了。日伪军乘机又往山上冲来，战士们把最后仅有的几颗手榴弹甩向敌人，搬起身边的石头砸向敌人。

日军蜂拥而上，面对数十倍于己的敌人，战士们视死如归，毫不畏惧，誓与敌人血战到底。战士们一个接一个地倒了下去，桃花岭上最后只剩下了郇振民、徐文华和两名战士。面对冲上来的敌人，郇振民说：

"同志们，把枪砸了，绝不能留给敌人！"徐文华和两名战士抢着枪向石头上砸去。

这时，日军已从三面围了上来，一颗罪恶的子弹击中了郇振民的胸部。为了不做俘虏，身负重伤的郇振民，用仅有的一颗子弹自戕殉国。时年25岁。

敌人看到八路军最后三名战士没有了子弹，大叫着：抓活的！抓活的！战士们宁死不屈，退至崖边高呼口号："宁死不做亡国奴，共产党万岁！"转身跳下悬崖，壮烈牺牲！用鲜血和生命谱写了一曲气壮山河的英雄赞歌。

从此，一段民谣回响在博山下庄的群山中，声声泣血，刚毅不屈："鲁中山区小延安，一寸千滴战士血。刘家台村到瓦泉，一步一尊烈士身。英勇不屈下庄村，一草一木一英魂。桃花岭上英雄排，一山一石一丰碑。"

为追念桃花岭英雄排的战士们，1944年8月，下庄百姓在桃花岭的山坡下修建了烈士墓地。每年清明，百姓都会来这里祭奠桃花岭的英雄们，寄托人们对烈士的无限哀思。

"桃花岭上战旗红，英烈鲜血染峻峰。舍生忘死杀倭寇，英雄美名传千秋。"革命先烈用鲜血染红的这片土地上，郇振民及八路军战士大无畏的革命英雄主义精神，是流淌在我们血液里、渗透在我们骨子里的红色精神。

人物小传

郇振民（1917—1942），博山域城镇西域城村人，中共党员。1938年2月，参加八路军山东纵队第四支队，历任连长、营长。1942年11月10日，在博山县下庄桃花岭战斗中被数十倍的敌人包围，顽强抵抗，宁死不屈，毁枪饮弹，壮烈牺牲，年25岁。2020年9月2日，入选第三批著名抗日英烈名录。

4. 1943年群众报社编印《整风参考资料第一集》

文物名称：1943年群众报社编印《整风参考资料第一集》
收藏地点：淄博市博物馆

1941年到1942年，是国际法西斯势力最为猖獗的时期，抗日战争进入最困难时期。淄博各级党组织带领抗日军民，认真贯彻中共中央和山东分局制定的各项政策，咬紧牙关，克服困难，进一步加强抗日根据地的建设。

这时，日伪军实行反复的"清乡""扫荡"和惨无人道的"三光"政策，加上淄博地区处在清河和鲁中两大根据地的结合部，淄博地区成为敌人"扫荡"的重点区域。屋漏偏逢连夜雨，淄博地区又遭到严重旱灾，粮食歉收，造成抗日根据地的军需、民食严重匮乏。为了减轻群众的负担，克服暂时困难，以更好地领导抗日军民进行游击战争，山东抗日根据地于1942年3月进行了精兵简政。

遵照中央指示，1942年9月9日，山东分局作出《关于贯彻精兵简政的决定》，要求必须做到党政军群脱产人员不超过根据地总人数的

3%。这是山东抗日根据地进行的第二次精简。淄博各县党组织具体落实《山东省战时工作推行委员会关于颁发精兵简政编制表的通知》，根据文件要求，县政府机关编制机构为5科1处，人员32名；区公所的编制为正副区长和民政、财政、粮食、教育、武装、公安等助理员共9人。公安局、县大队、各级地方武装、北海银行办事处及县府司法处、警卫连等部门也相继按上级指示进行了精简。

胶济铁路以南各抗日根据地，以及长山、桓台、临淄、高苑等地抗日根据地的党政军机关，按照上级部署和要求，也都进行了精兵简政工作。可以说，通过精简，机关人员减少，战斗力增强，较好地适应了严酷的斗争形势。

1942年1月，中共中央作出《关于抗日根据地土地政策的规定》，确定了减租减息的基本原则和具体办法，得到了广大农民的拥护，在各根据地形成了减租减息的热潮。博山、淄川县在政令所达地区开展了减租减息和增加雇工工资的斗争。

当时，博山县是利用农救会，发动群众实行"二五减租"，就是减去原额的25%、还实行"分半减息"，按一分半利率计息。同时为了解决群众的吃粮问题，组织200余户雇农向10户富户借到1万余斤粮食，帮群众渡过难关。

1942年12月，中共高苑县委、县政府在根据地内发动群众，利用冬闲季节开展减租减息和雇工增资运动，并在部分村内动员集资入股成立了"推进社"。通过"双减"斗争，打破了敌人的经济封锁，克服了群众的生活困难，树立了党在群众中的威信，使更多的劳苦大众靠拢在党的周围，促进了群众组织和抗日武装的巩固与发展，壮大了抗日力量。

1941年5月，毛泽东同志在延安高级干部会议上作了《改造我们的学习》的报告，标志着中国共产党历史上第一次大规模的整风运动的开始。延安整风，是党的建设史上的一个伟大创举，使干部在思想上大大地提高，使党达到了空前的团结。

从1942年2月至1945年4月，中国共产党在全党开展了反对主观主义以整顿学风、反对宗派主义以整顿党风、反对党八股以整顿文风为主要内容的整风运动。在中央和山东分局领导下，淄博各地党组织的整风学习得以顺利进行。通过整风学习，党员干部统一了思想，转变了作风，增强了战胜困难的信心，为争取抗日战争的胜利创造了条件。

为了吸取经验教训，更好地领导矿工开展抗日救国斗争，中共淄博矿区工委在整风学习运动的基础上，对七七事变以来的矿区工作进行了认真总结，对下一步加强淄博矿区的对敌工作具有重要的指导意义。

淄博地区各基层党组织结合整风运动，较普遍地开展了革命气节教育，从而提高了党员干部的马列主义水平，克服了悲观失望情绪，坚定了抗战胜利的信心，为战胜严重困难，从思想上、组织上奠定了基础。

5.1951 年曹子任抗美援朝纪念章

文物名称：1951 年曹子任抗美援朝纪念章

收藏地点：淄博市博物馆

  1979 年 8 月，临淄王朱大队曹子任老人将一枚珍藏多年的纪念章捐给了淄博市博物馆。这枚铜质的纪念章仍珍藏于淄博市博物馆，长 7.5 厘米，主体为放射光芒的五角星，五角星的五个角上镶嵌红色珐琅，威严庄重。五角星正中为毛泽东主席的五分脸像，外围环绕麦穗，具有浓浓的时代特色。除了纪念章上方的上挂有所磨损外，铜章本身光亮如初。为人瞩目的是纪念章上的铭文：正面下方写有"抗美援朝纪念"，背面刻有"中国人民政治协商会议全国委员会赠1951"。

  曹子任老人是一名老兵，他曾任中国人民志愿军二十军六师炮团一营的副营长。在抗美援朝战场上奋勇杀敌光荣负伤，一等残疾的他功勋卓著。这枚铜章正是 1951 年颁发给他的荣誉。

  1950 年 6 月 25 日，朝鲜战争爆发。在美国政府的武装干涉下，战火一直烧到了鸭绿江边，新中国面临着前所未有的外部侵略威胁。10 月，应朝鲜民主主义人民共和国政府的请求，中共中央毅然作出了"抗美援朝、保家卫国"的战略决策，派遣人民志愿军入朝作战。

淄博儿女保家卫国的满腔热血就被点燃了。1950 年 11 月起，淄博专区各县市就组织了多次大规模抗美援朝游行示威。到了来年的 3 月，淄博共举行了 56 次游行，共计 19 万人参加。1951 年的五一国际劳动节更是达到了游行的高潮，仅淄川县、淄博市、张周市、桓台县、临淄县就有 52.5 万人上街游行示威。

除了游行声援外，淄博儿女更是身先士卒，积极响应国家的参军号召，将自己的热血奉献在朝鲜战场上。截至 1952 年底，淄博共有 42476 人报名参军，经批准者有 9212 人；831 人报名参加军干校，经批准送校者 103 人，重现了抗日战争和解放战争时期广大群众踊跃参军参战的感人场景。

除了直接参军参战外，淄博支援抗美援朝的方式还有很多，如战地勤务、运输等。1951 年 5 月，淄博专区共组织马车 101 辆，工人 266 名，骡子 202 头满载军需物资奔赴前线。5 月至 10 月，淄博市、张周市和临淄县、桓台县为志愿军做军鞋 78 万双、军衣 1 万套；专区合作总社组织群众和单位全年为志愿军赶做军鞋 14 万双。8 月 29 日，淄博专署部署各县、市向济南运送军需小麦 750 万公斤。各界群众还积极写慰问信、做慰问袋，给远隔千山万水的志愿军战士以巨大的精神支持。

淄博地委也非常重视对部队和烈军属的慰问与支持。1951 年春节，各县、市掀起拥军优属热潮。各机关、厂矿、团体、学校的拥军优属小组敲锣打鼓走访慰问，给烈军属贴春联，送慰问品，挂光荣牌和光荣匾，帮助他们解决实际困难。广泛开展拥军活动，切实帮助部队解决在驻防、生活、训练等方面遇到的困难。

1951 年 6 月 1 日，中国人民抗美援朝总会发出推行爱国公约、捐献飞机大炮和优待烈军属三项号召，史称"六一号召"。

响应"六一号召"在淄博成为了一道亮丽的风景线。到了 1951 年底，淄博 95% 的职工和 80% 的农户都订立了爱国公约。这极大地提高了人民群众爱国热情，又推动了各项工作，促进了生产发展，支援了抗美援朝战争。

煤矿工人提出"多出一车煤等于多出一枚手榴弹"的口号，加班加点生产。洪山煤矿山三井订立爱国公约后，每月煤产量由先前的16163吨，提高到22826吨，增产41%。农民群众提出"多打粮食征好公粮，做好代耕"，积极缴纳爱国公粮。其他社会各界也纷纷签约并认真执行。

1951年6月17日，淄博专区发动各界人民捐款购买飞机、大炮。计划捐款购买飞机12架，淄川县认购大炮1门。11月15日，淄博地委进一步作出关于广泛开展抗美援朝、捐献飞机大炮活动的指示，至1952年4月19日超额完成计划，共捐款217万元，可购买飞机14.5架，并从超额款中对购买"山东青年号"飞机进行了资助。

在慰问支持部队的同时，对家居农村的烈军属和残疾、复员军人，除由群众集粮、集物帮助解决经济困难外，还组织农民群众为耕种困难的优待对象做好代耕工作，从而保障和改善了烈军属的生活。

抗美援朝战争后期，侵朝美军为挽救在朝鲜战场的失败，惨无人道地向中朝两国境内投掷细菌，实施野蛮的细菌战。1952年3月6日，美军飞机把大量带有细菌的物资撒向山东半岛，严重威胁着全省人民的健康和生命安全，一场反细菌斗争由此展开。至1952年底，淄博专区共建立防疫卫生委员会2294个、卫生小组25752个、防疫队311个，进行了鼠疫、霍乱、白喉等各种疫苗注射，开展了爱国防疫卫生运动，消除了群众的麻痹思想和恐慌心理，粉碎了美帝国主义发动细菌战残害中国人民的图谋。

战争后期，淄博地区各级党委、政府认真贯彻志愿军复员安置原则和有关方针政策，妥善安置复员军人，使之成为社会主义建设的一支主要力量，在各条战线都发挥了积极作用。

历时三年的抗美援朝运动，极大地激发了人民群众的爱国主义热情，在淄博地委的领导下，淄博人民踊跃支前，慷慨奉献，为战争的胜利作

一枚勋章里的抗美援朝记忆（油画）

出了应有的贡献。尤为重要的是，通过抗美援朝运动，广大人民群众的觉悟和组织纪律性得到了极大提高，为淄博社会主义革命和建设的全面展开奠定了深厚的群众基础。

第三章 一般文物

1. 邓恩铭在淄博做地下工作时使用的墨盒

文物名称：邓恩铭在淄博做地下工作时使用的墨盒
收藏地点：淄博市博物馆

"四十年前会上逢，南湖舟泛语从容。

济南名士知多少，君与恩铭不老松。"

这是 1961 年 8 月 21 日董必武所作的一首诗，所纪念的是中共一大代表、山东党组织的缔造者和早期领导者王尽美和邓恩铭。两位革命先驱为革命奉献牺牲却壮志未酬，其精神之伟大永远为人民铭记。

淄博市博物馆收藏有邓恩铭同志在淄博工作时使用的墨盒。墨盒长 9.7 厘米，宽 9.4 厘米，高 3.3 厘米，重 120 克，石质泛青，内嵌金属泛绿锈，盒盖表面浅刻青铜油灯、笔海图案，刻画简单。正是用这个墨盒，陪伴了邓恩铭书写一篇篇红色文章，见证了邓恩铭短暂而又辉煌的革命奋斗之路。

1921 年 7 月，邓恩铭和王尽美代表济南共产党小组出席了在上海召开的中国共产党第一次全国代表大会。邓恩铭当时年纪只有 20 岁，是唯一的少数民族代表。会后，中共中央直属的山东区支部成立。邓恩铭作为党支部的负责人之一，一直在济南、青岛、淄博、张店等地从事党的领导工作。1922 年 1 月，邓恩铭以中共代表身份，出席了共产国际在莫斯科召开的远东共产党及民族革命团体第一次代表大会。6 月回国后，根据党的决定，邓恩铭负责组织淄博地区的工人运动。

山东的淄川、博山两地是著名的煤矿区之一，其中鲁大公司及其淄川炭矿为日本帝国主义势力所控制。1922 年 8 月，时年 21 岁的邓恩铭利用其叔父黄泽沛任淄川县知事的有利条件，到淄川矿区从事党组织的创建活动。当时，黄泽沛是比较开明的进步人士，在淄川提倡男女平等，反对妇女缠足，反对封建迷信和赌博，开风气之先，由此淄川也形成了一定的进步氛围。邓恩铭来到淄川后，利用黄泽沛的社会地位和影响，广泛接触各阶层人士，进行社会调查，开展革命活动。黄泽沛节日宴请各界人士时，邓恩铭也常常作陪，先后结识了赵豫章等一大批进步人士。当他了解到赵豫章曾参加五四运动，便向他宣传马克思主义，启发其阶级觉悟。这时，周宪章在淄川炭矿南门外的洪山镇开设"宪章照相馆"，邓恩铭就把照相馆作为党的秘密活动地点，经常在这里集会，研究和指导矿区党的工作和工人运动。后来，邓恩铭为了工作需要，索性直接住在工人中间，把日资经营的淄川炭矿作为重点，和赵豫章一起深入矿井、工棚和矿工家庭里，与机器工人、石匠（掘进工人）、伙夫（采煤工人）促膝谈心，介绍他亲眼目睹苏联十月革命后工人阶级的政治、经济地位和生活状况，启发教育工人认识工人阶级的力量和肩负的历史使命，争取解放。他还不辞劳苦，奔波于昆仑、西河等矿井，联络工友，宣传革命思想，并成功地领导了大昆仑炭站的装卸工人开展反对强征"教育捐"的斗争，办起了昆仑两级小学，作为开展革命活动的基地。邓恩铭的这

邓恩铭在淄川矿场（油画）

些活动，为在淄博矿区建立党的组织和开展工人运动，做好了思想准备和组织准备。

1924年3月，邓恩铭再次来到淄博矿区进行建党活动，并介绍赵豫章入党。3月18日，他在青岛致刘仁静的信中说：

"淄川方面，当我在家时，即已联络数人，现已加入，他们在本县很能活动，并且现在又在胶济支路大昆仑站联合厂商抵抗城内劣绅。现将争回之车捐办一两级小学，校内大约有同志数人，此地将来可与张店合组，不过是否合理，请你们指导。"

邓恩铭的革命志向并不能被家人理解，还常常受到了家人的阻拦。父母、叔父曾经多次劝阻或来信，要他"安分守己""求得功名"，并在贵州荔波给他选定妻室，要他回乡结婚。但这被他婉言拒绝。1924年5月8日，他在淄川给父母亲回信说：

"儿生性与人不同，最憎恶的是名利，故有负双亲的期望，但所志即如此，亦无可如何。"

革命未酬，何以家为？邓恩铭矢志要为广大无产阶级解放奉献一切，儿女情长、功名利禄对他来说，都是可以抛之身后的事物。

大革命失败后，白色恐怖笼罩着淄博矿区。1928年10月，中共山东省委派邓恩铭任淄博张矿区党组织的领导人。他不顾反动军警的跟踪缉捕，在淄川矿东工厂建立秘密活动地点，积极恢复与发展党的组织，领导工人进行革命斗争。1929年1月，他从淄博回济南到省委研究工作，因叛徒告密，不幸被捕。邓恩铭在狱中一直坚持斗争。1931年4月5日，邓恩铭在济南被国民党反动派杀害，壮烈牺牲，终年31岁。

人物小传

邓恩铭（1901—1931），水族，原名恩明，字仲尧，化名黄伯云、丁友民、佑民、又铭。贵州省荔波县人。中共一大代表、山东党组织的缔造者和早期领导者。1921年春，组织成立济南共产党早期组织。1922年8月后，多次来淄博传播马克思主义思想，发展工运积极分子，为组建中共淄博地方组织作出了突出贡献。曾任中共淄博地区党组织负责人。2009年，被评为100位为新中国成立作出突出贡献的英雄模范人物之一。

2. 集成石印局石板

文物名称：集成石印局石板

收藏地点：淄博市博物馆

我国古代的四大发明——造纸术、指南针、火药、印刷术名扬四海，是灿烂中华文明的代表。特别是印刷术，有雕版印刷、活字印刷等等。其实还曾出现过一种石印术。石印技术是在晚清时期传入中国，中国传统的费工费时的手工雕版印刷技术逐渐被取代。山东省淄博市博物馆藏众多文物中就有一块印刷用石板。这块石板背后还隐藏着一段轰轰烈烈的革命故事。

这块石板长 29 厘米，宽 24 厘米，厚 8 厘米，是博山集成石印局为中国共产党秘密印刷党内刊物《红星》和其他宣传品的印刷工具。反映了中国共产党在大革命时期积极宣传马列主义、启发工农群众的思想觉悟、动员他们团结起来为谋取自身解放而斗争的历史史实。

1921 年 7 月，中共"一大"在上海举行，会上确定党成立后的中心任务是组织工人阶级，领导工人运动。会后，山东党组织就把淄博作为早期的工作重点之一，党的"一大"代表王尽美、邓恩铭曾多次派人来淄博矿区传播马列主义，为淄博矿区工人运动的开展和党组织的建立打下了基础，并培养出了大批革命骨干。淄博矿区工人蒋西鲁就是其中的代表。

1925 年蒋西鲁加入中国共产党，他是博山东地区第一名党员。翌年 3 月，中共山东地委选派蒋西鲁去广州参加由毛泽东主办的第六期农民运动讲习所学习。学习期间，蒋西鲁以国民党博山县政府农民运动特派员身份参加了国民党。1926 年 10 月，蒋西鲁被中共山东区执委派到博山开展革命活动，他以博山城区报恩寺小学为秘密活动地点，组织进步青年阅读《共产党员》等进步书刊，学习和讨论时事政治，培养物色学习骨干，深入到万松山、西河、八陡向工人农民宣传革命。11 月，中共博山小组成立，蒋西鲁任组长，隶属于中共山东区委领导，这是博山建立的第一个地方党组织。

党组织建立后，极为重视对工人、农民的宣传教育和组织对敌斗争工作，博山党小组利用当时国共合作的形势，以国民党博山县党部出面开办的石印局作为依托开展工作。1926 年 12 月，集成石印局在博山大街正式开业，除得到中共山东区地委 300 元资助外，其余资金全部由党员入股解决，由蒋西鲁任石印局经理，聘请国民党员、博山报恩寺小学校长蒋至元出任名誉经理。

博山石印局名义上为国民党党部和政府服务，也公开向社会承揽印刷业务，印制喜庆乔迁用的请柬贴、婚事用的"领谢"贴、丧事用的"踵谢"贴、彩色八仙点心匣纸等等，但石印局主要还是以为中共山东区委秘密印刷宣传品为主。在为国民党山东省政府农民部印制的农民协会会员证上，蒋西鲁安排石印局人员在封面后第一页印上孙中山头像，在封底里面则印上了激发农民抗议剥削压迫的"昨日入城市，归来泪满巾。遍身罗绮者，不是养蚕人"等唐诗。1927 年 1 月，中共山东区委派王复元、王元昌到博山，安排石印局为山东区委印刷党刊《红星》，印出后，由蒋西鲁通过博山至济南段的火车司炉工人运到济南，然后由山东区委机关秘书处发往山东各地党组织。党刊《红星》的第一期至第八期全部由博山集成石印局印刷，不断地把党中央的方针、政策和主张在山东地区党内进行宣传，指导各级党组织和全体党员运用马克思列宁主义的理论、组织原则及实际工作方法，保证了中共山东区省委不间断地进行工作指导，为完成中国共产党的建设和党的中心任务，起到了较大的作用。

集成石印局还为配合当时的形势，支持罢工斗争，赶印过党的文件及宣传材料。1927年6月，革命形势日趋恶化，中共山东区委决定有党组织的重点学校学生中的党员暑假回原籍参加当地党组织领导的革命活动，放假前举办10天的训练班，中共山东区委派王元昌、王复元到博山集成石印局安排印刷训练班的教材。接受任务后，蒋西鲁和王玉华带领石印局党员通宵印刷，很快印出了《无产政党之建设》《党的组织问题与训练问题》《初级教科书》《训练班讲义大纲》《CP主义与CP》《宣传大纲》等政治报告材料，及时提供给中共山东区委在济南、鲁北、潍县、青州等地举办训练班使用。1928年1月，中共山东省委派张洛书、李英杰等人到淄博矿区加强党的思想建设和开展工人运动。蒋西鲁领导石印局赶印出了《党内课本》《共产主义ABC》等宣传品。同月下旬，在矿区沈马庄龙王庙集会举行罢工斗争，张洛书到集成石印局与蒋西鲁联系，石印局连夜赶印出《中国共产党十大要求》传单，在煤矿工人集会时广为散发。

中共博山地方组织开办集成石印局的做法，受到了上级党组织的肯定。1927年《山东省委关于组织问题的报告提纲》中说："博山同志经济观念正确。"在当时国共合作处于不利的形势下，以国民党博山县党部的名义办石印局，一方面有了开展党的活动的职业掩护，另一方面可以挣钱养活自己，使党的工作更加充满活力，这的确是当时开展党的隐蔽斗争的一个好办法。

1927年上海"四·一二"反革命政变后，奉系军阀、山东军务督办张宗昌与蒋介石遥相呼应，对共产党人进行血腥屠杀，山东也陷入白色恐怖之中，博山集成石印局便夜间秘密制版印刷。1928年4月，国民党新军阀确立其反动统治后大肆抓捕共产党人，反动统治愈加变本加厉，山东省委及各地党组织遭到严重破坏，党内的某些革命意志薄弱者开始变质，王复元腐化堕落，贪污山东党组织经费1000元，又从集成石印局拿走 2000 元，致使石印局经济陷于窘境，资金无法周转，被迫关门停业。

博山集成石印局从 1926 年 12 月成立到 1928 年 5 月停业，仅仅活动了一年多时间，可石印局在国共合作惨遭破裂这一恶劣的大背景下，秘密印刷党内刊物《红星》和其他宣传材料，宣扬马列主义，启发工农群众思想觉悟，为山东地区党组织的建立和革命事业作出了巨大贡献，在党史上留下了光辉的一页。

3. 黑铁山起义歌歌词

文物名称：黑铁山起义歌歌词

收藏地点：淄博市博物馆

噢！我们队伍发源在那黑铁山西。

我们心里老是想着它，想着它，想着它，黑铁山。

噢！当时我们的人数并不很多。

现在已有无数兄弟来参加，真热闹，真热闹，黑铁山。

噢！那个时候煎饼米饭都吃不饱。

同志们互相鼓励无怨言艰苦了照样干，照样干，黑铁山。

噢！太平庄前红旗招展队伍整编。

张大队付不听劝说也不抗战，垮台了，垮台了，黑铁山。

噢！腊月十七我们夜袭了长山。

活捉国俊卿维持会无人敢办，都喜欢，都喜欢，黑铁山。

噢！腊月二十三鬼子抢掠到花山。

被包围打的他丢盔撂衣，投井逃窜，投井逃窜，黑铁山。

噢！正月初五鬼子拂晓攻白云山。

三官庙一战打的他人仰马翻，真勇敢，真勇敢，黑铁山。

噢！正月十二鬼子疯狂血洗铁山。

于家庄子被杀的绝了青年，真悲惨，真悲惨，黑铁山。

噢！小清河边鬼子汽艇嘟嘟来到。

一阵排子枪把它打沉了，好痛快，好痛快，黑铁山。

在淄博市博物馆数以万计的藏品中，有一件手写的歌词非常特别，它的纸质已泛黄，上部有破损，透出岁月的痕迹，在向人们诉说那段血与火的历史。它就是"黑铁山起义歌"，是1939年"菩萨司令"廖容标在组织起义后专门编写的。

抗战爆发后，中共山东省委遵照中央关于在山东发动组织人民抗战的指示和中共北方局"每一个优秀的共产党员，都应该脱下长衫到游击队去"的号召，制定了在全省发动抗日武装起义的计划。1937年10月，刚从延安抗大第二期结业的廖容标同志响应组织号召，被分配到长山中学，以体育教员的身份为掩护，与中共党员姚仲明、赵明新团结进步人士马耀南校长，宣传发动和组织群众，进行武装起义的准备工作。

长山中学党小组在马耀南的全力协助下，成立了以认清形势、唤起民众抗日意识为主的"教学研究会"，开办了以民众夜校为掩护的"抗日游击培训班"，讲授抗日形势、党的统一战线政策、游击战术和农民运动等内容，培养了100多名军事骨干。马耀南也在全县组织"抗日救援会"，抗日救亡力量迅速扩大。

在起义准备工作紧张进行的过程中，形势急转直下，1937年12月下旬，日军分两路南渡黄河。12月24日，日军飞机轰炸长山县城，随即长山中学党小组决定学校停办，带领部分师生奔赴黑铁山，举行抗日武装起义。黑铁山距离当时的长山县城六十华里，方圆十平方公里，周围山峦起伏，地形复杂，山势险要，地理条件优越，加之，早在1927年，当地就成立了中共铁山特支，群众基础很好，就成为了起义的最佳地点。

另外，在起义之前的1937年11月，长山中学党小组成员赵明新还曾经深入到桓台二区（今桓台县果里镇、新城镇一带）、长山九区（今高新区四宝山街道一带）发动群众，成立了花山党支部，黑铁山周边抗日积极分子多数参加过长山中学抗日游击训练班，回乡积极宣传抗日。当地群众的抗日救亡热情积极高涨。

1937年12月26日夜晚，在黑铁山西麓太平庄小学院内，长山中学60余名师生及桓台二区、长山九区的几十名抗日志士，高举三支步枪、八把马刀，庄严宣誓，宣布成立山东人民抗日救国军第五军，廖容标任司令员，姚仲明任政治委员，赵明新任政治部主任。

起义之后的第二天清晨，廖容标司令就带起义部队向黑铁山出发，在攀上山顶后，部队把一面绣着金黄色镰刀、斧头和"山东人民抗日救国军第五军"12个大字的红旗插上了黑铁山。

起义之初，抗日部队武器短缺，后勤没有保障，食宿非常困难，解决后勤保障问题成了起义部队的当务之急。起义当天，马耀南正在长山三区（今周村区北郊镇一带）和八区（近邹平县西董街道一带）组织人员筹备粮款和枪支弹药。几天后，他赶到黑铁山，参加了起义部队，缓解了起义部队的供应保障困难。他还动员家人捐献粮食，召集当地乡绅富户开座谈会，积极争取动员民众支援帮助。

为广泛团结社会各界联合抗日，起义指挥部决定成立山东人民抗日救国军第五军临时行动委员会，马耀南任主任，姚仲明任副主任，廖容标、赵明新为成员，并确定第五军的一切对外活动由临时行动委员会共同商定。

山东人民抗日救国军第五军成立以后，各路抗日志士不断加入。湖

黑铁山上红旗飘（油画）

田一带的抗日武装编为山东人民抗日救国军第五军第1、第2中队；长山中学起义师生编为第3中队，属五军直属中队；张店、洪沟一带的铁路工人抗日武装编为第4中队；临淄尚庄、曹村一带抗日武装编为第5中队；淄川沣水一带抗日武装编为第6中队；临淄石家、毛托一带抗日武装编为第12中队；益都县军屯、焦宋一带抗日武装编为第13中队，山东人民抗日救国军第五军已初具规模。

1938年1月8日，廖容标率领部队夜袭长山城首战告捷，一举歼灭长山县汉奸维持会，俘虏30多人，缴枪17支，解决了武器装备燃眉之急。1月19日在小清河陶塘口（今高青县境内）设伏，长山县第六区区长兼中队长韩子恒，带领区中队和抗日积极分子在北岸配合伏击，击沉了日军汽艇1艘，击毙日军12人，引起侵华日军的极大震撼。2月4日，黑铁山起义部队转战到邹平和周村交界的白云山区三官庙一带，遭到日伪军400多人的围攻。经过一天的激战，第五军打退日伪军多次冲锋，击毙、击伤日伪军100多名，第五军牺牲7人，以小的代价换取了大的胜利。

第五军高举抗日救国义旗，仅一个多月就夜袭长山城、伏击小清河、血战白云山，三战三捷，被老百姓誉为"天降神兵"。起义部队一路凯歌高奏、军威大振，淄川、桓台等地的爱国志士和抗日武装纷纷投奔到黑铁山。在短短两个月的时间内，黑铁山起义部队就扩编为近30多个中队，成为3000多人的抗日劲旅。

1938年3月，山东人民抗日救国军第五军为扩大抗日游击区域，增强抗日部队的回旋余地，决定兵分两路征战胶济铁路南北。

南路军由廖容标和姚仲明率领，五军的三中队、四中队、五中队越过胶济铁路来开辟淄川、博山、莱芜、益都丘陵地区的抗日游击区域。另一部也叫百路大军，由马耀南、赵明新率领，征战在胶济铁路以北，开辟东至益都、邹平、长山、桓台、章丘，西到历城一带，可以说点燃了鲁中大地抗日的熊熊烈火。

1938年6月，第五军已发展为6000余人的抗日劲旅。期间，廖容标、姚仲明奉省委调令，先后率两个团的主力编入八路军山东人民抗日游击队第四支队，廖容标任第四支队司令员。第五军其余部队整编为八路军山东人民抗日游击队第三支队，马耀南任司令员，霍士廉任政治委员，杨国夫任副司令员，鲍辉任政治部主任。当年12月，第三支队整编为八路军山东纵队第三支队，融入全国对日作战的滚滚洪流。

黑铁山抗日武装起义与胶东天福山起义、泰安徂徕山起义并称为"三山起义"，是山东抗战史上最著名的武装起义之一，在中国共产党的领导下，中华民族的优秀儿女揭竿而起、抗日救国，谱写了一部威武雄壮的抗战史诗。

在驱逐日寇之后，黑铁山起义部队又投入到了消灭国民党反动派的人民解放战争中。为了执行中央"向南预防、向北发展"的战略决策，原黑铁山起义部队奉命进军东北，保卫山海关、血战四平城，三下江南、四保临江，英雄部队辗转各地，成为中国人民解放军主力。他们征战南北，至新中国成立前夕，部队先后整编到中国人民解放军第43军、40军、33军、28军、26军和22军等。

从黑铁山抗日武装起义先后走出了79位副军或副军级以上的领导干部，他们为新中国的诞生、为建设新中国功勋满满。历史不会忘记，人民不会忘记，黑铁山抗日武装起义的峥嵘历史，铸就了淄博、山东乃至中华民族解放事业史上一座不朽的丰碑！

人物小传

廖容标（1912—1979），江西省赣县人。1929年参加中国工农红军。1931年加入中国共产主义青年团，同年转入中国共产党。土地革命战争时期，先后任班长，县游击队分队长、连长、营长、独立团团长等职，参加了长征。抗日战争时期，先后任山东人民抗日救国军第五军司令员，八路军山东纵队第四支队支队长，第二旅副旅长，第四旅旅长，鲁南军区第一军分区司令员，山东军区第四师师长。解放战争时期，先后任鲁中军区第四师师长，渤海军区副司令员，济南警备区司令员。中华人民共和国成立后，任南京军区副司令员等职。1955 年被授予中将军衔。

姚仲明（1914—1999），山东东阿人。新中国第一代外交家。参与组织领导的黑铁山起义，曾任八路军团政委、烟台市长、潍坊市长、济南市长。建国后调到外交战线。历任驻缅甸首任大使，驻印度尼西亚大使、外交部条法司司长。后任文化部副部长。退居二线后，任中国国际文化交流中心副理事长、中国对外文化交流协会副会长。是中共七大候补代表，第六、七届全国政协委员，全国政协外事委员会委员。

赵明新（1914—1967），山东乐陵人。1931 年 8 月加入中国共产主义青年团，1935 年 5 月转入中国共产党。1931 年 8 月至 1932 年 8 月，任共青团北平艺文中学团支部书记、天津市团市委宣传部长，青工部长。1932 年 8 月至 1936 年 10 月，在天津被捕后解北京。1937 年 2 月至 5 月，任鲁北特派员。1937 年 5 月至 1940 年 10 月，历任中共山东济南市委书记，鲁北特委委员兼宣传部长，山东八路军游击队第三支队政治部主任，中共苏鲁豫皖省委宣传部教育科长，清河地委委员兼宣传部长。1940 年 10 月至 1943 年 4 月，在延安马列学院、中央党校学习。1943 年 4 月至 10 月，任延安中央党校第二部组教科副科长。1944 年 1 月后，任中共胶东区党委常委兼组织部长、华东党校第四部主任、中共苏南区党委常委兼组织部长、苏南区党委第二副书记，1952 年 12 月至 1955 年 2 月，任中共上海市委常委、组织部长，市人事局局长。1955 年 2 月至 1965 年 9 月，任中共吉林长春第一汽车厂党委书记，1965 年 9 月起，任中共中国科学院华东分院党委书记兼院长。1967 年 1 月去世。

4. 抗日战争时期渤海军区司令员杨国夫使用的手枪

文物名称：抗日战争时期渤海军区司令员杨国夫使用的手枪

收藏地点：淄博市博物馆

淄博市博物馆珍藏着一把手枪，手枪长 16.5 厘米，宽 11.5 厘米，铁质，带皮革枪套，撞针已拆除。这是杨国夫同志在战争年代使用的武器，1983 年由他的爱人张岚同志捐献给淄博市博物馆。作为一件珍贵的革命文物，它见证了抗战时期八路军在淄博地区的一场重大胜利。

"小清河长又长，山东是个好地方。青山绿水好风光，出产麦稻和高粱。"这是 20 世纪初高青人民家喻户晓的一首民谣。但 1938 年开始，日本鬼子进入中原，帝国主义铁蹄踏进高青，实行"三光政策"，人民生活陷入了水深火热之中。一望无垠的平原，被日军分割得支离破碎。田野里听不到农民的欢笑，村庄里见不到孩子的嬉闹，人民处于水深火热之中，百姓日日夜夜盼望着解放。

1940 年秋，八路军山东纵队三支队在小清河南根据地，已处在日、伪、顽三面包围夹击之中，斗争异常残酷。为了坚持长期斗争，彻底扭转这一被动局面，山东纵队首长指示，必须迅速改变根据地沿铁路一线之不巩固状态，向小清河北发展，以扩大和建立巩固的抗日根据地，坚持长期平原游击战争。根据这个战略方针，三支队北渡小清河，来到了高（苑）青（城）境内。

八路军的行动，引起了日伪军的注意，并针对第三支队发起了"扫荡"。在反"扫荡"过程中，三支队决定变被动为主动，选择有利地形伏击日军，粉碎敌人的"扫荡"。9月的一天，三支队在一所空房子里召开军事会议。支队长杨国夫提出，高青公路是日军的交通要道，可以将伏击地点选在日军必经之路的魏家堡，如果打好了，不但给高苑、青城的日军以重创，隔断其南北交通，而且对开辟清河北根据地，扩大八路军影响也将起到重要作用。与会者对杨国夫的提议一致表示赞同。

魏家堡位于小清河北岸，是高苑至青城两县之间的一个村庄，高青公路在村西贯穿南北。这次战斗部署是我军惯用的围点打援战术，集中优势兵力歼灭敌人。

9月21日凌晨，大地寂静，寒霜袭人。蹲在战壕里、卧在掩体里的战士们，等待着日军的到来。东方露出了鱼肚白时，一种异样的声音传来，大家仔细一听，原来是从高苑方向传来的汽车的马达声。马达声渐近，接着两道昏黄的光柱穿过雾气从一个拐弯处直射过来，跟着又是两道。两辆载着日伪军的汽车颠颠簸簸直朝魏家堡方向开来。突然，汽车停下来。借着汽车前灯的光亮，只见一个个伪军探头探脑，慢慢从车厢往下爬。伪军在前，日军在后，绕过阻截沟，直向魏家堡村走来。

八路军突然开火，机枪、排子枪、手榴弹一起向日军打去。当时八路军装备低劣，所谓的排子枪也就是十几条步枪齐射；手榴弹是土方法制造，装填的是黑火药，没有多少杀伤力；机枪打了一个点射就卡壳。而日军机关枪、掷弹筒、手雷、三八大盖装备精良。

战斗异常艰苦，好几名八路军战士躺在血泊中。但凭借顽强斗志和人数优势，八路军把敌人逼到魏家堡的一座场院中。场院是一个长方形的院落，东西短，南北长。场院有一间北屋，日军隐蔽其中负隅顽抗，等待援军。

"连长，让我上吧！只要把屋门劈开，日军就没办法了。"二排长张国华恳切地对连长说。

连长批准了他的请求，并命令给以掩护。在战友的掩护下，张国华迅速跃过土埝，从日军的枪弹空隙里向大门冲去。突然，在对方一阵激烈的枪声中，张国华倒在地上不动了。连长正想派人抢救，又见他匍匐前进了，不一会，他终于靠近墙根，接近了日军据守的屋门。只见张国华一侧身子，接连往大门边投去两颗手榴弹。然后趁着烟雾，吃力地抡起大刀，用尽平生力气，将门砍裂。与此同时，连长金书禹振臂高呼："同志们，冲啊！"哪知，没等冲出几步，日军的子弹又射了出来，刚冲出几步的战士们又被对方的机枪火力压在地下。

这时负责打援的基干一营二连、四连在十里铺一线与敌接上了火，日军的十几发炮弹落在魏家堡南北两侧。北屋中的日军判断援兵已到，抓到救命稻草似的开始疯狂向屋外扫射。八路军正面进攻受阻。

在进攻受挫的情况下，八路军决定用火攻。大家把一捆捆高粱秆扛来，把房子的东、西、北三面围起来，点着高粱秆从屋顶往屋里塞。老百姓也帮着把三面堆放的柴草点燃。顿时，浓烟滚滚，火光冲天。日军不堪烟火熏烤，开始向屋外突围，八路军战士与之展开了白刃战。

大刀卷了、刺刀弯了、枪托砸碎了……战士们把复仇的怒火喷射出来。几十名日寇遭到歼灭性打击。我军毙敌 24 人，伤敌 6 人，俘虏 2 人，烧毁汽车 2 辆，缴获轻机枪 2 挺、掷弹筒 2 门、步枪 30 余支，十多名八路军指战员血洒荒丘。

魏家堡伏击战是清河区抗战三年来首次全歼日军一个小队的战斗，对日伪顽固分子震动很大，日军一度被迫撤离田镇、小营、史家口、阎家庄等据点。这一战，鼓舞了八路军士气，为进一步动员组织群众，建立清河根据地，创造了有利条件，开创了山东抗战的新局面。

此后，杨国夫指挥八路军三支队粉碎了日军对清河地区的无数次

"扫荡"和"蚕食",充分显示了他的胆略和智谋,为创建和巩固渤海地区抗日根据地和开展平原游击战争创造了丰富经验,为淄博地区的抗日斗争作出了突出贡献。

人物小传

　　杨国夫(1905—1982)。安徽霍邱人。1928年加入中国共产主义青年团。1929年参加红军。1930年转入中国共产党。历任红军第四师十二团特务队分队长、营长,率部参加新集反击战、土桥浦战斗、漫川关突围战等。长征中任红四方面军三十军第二七○团团长,红一军团第四师十二团团长。抗日战争期间,任八路军山东纵队第三支队支队长,清河军区、渤海军区司令员,山东军区第七师师长。创建清水泊抗日根据地,开辟以广饶、博兴、蒲台、利津边界为中心的游击区。解放战争时期,历任东北民主联军第七师师长、第六纵队副司令员,第四野战军第四十三军副军长。参加"三下江南,四保临江"战斗和辽沈战役、平津战役。后任江西军区副司令员。新中国成立后,先后担任山东军区副司令员、济南军区副司令员、顾问。1955年被授予中将军衔。为全国政协常委、第四届山东省政协副主席、第四届全国人大代表。

第四章　未定级文物

1. 1928 年淄矿工人俱乐部《泣告父老书》（复制品）

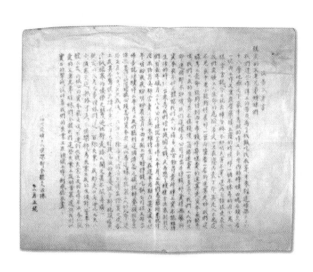

文物名称：1928 年淄矿工人俱乐部《泣告父老书》（复制品）
收藏地点：淄博市博物馆

淄博市博物馆收藏《泣告父老书》的复制品一件，长 34.2 厘米，宽
26 厘米，竖排繁体楷书，题目"泣告父老书"，称呼"亲爱的父老兄弟
姊妹们"，署名"淄川炭矿工人俱乐部全体工人泣陈"，日期"三月五
号"，全篇近七百字。

文中记述了工人俱乐部全体工人泣陈："我们这些作洋工的苦力，为

了找饭吃找衣穿，才来到这暗无天日的十八层地狱之下，象（像）牛马般的作工……常言说'今日脱去裤合褂，不知明天穿不穿'，这两句话很是表示我们炭矿工人生命的危险……我们这样为工丧命，能够得到四十吊钱作葬埋费的还算是资本家开恩咳，我们工友的生命真不值钱呀，一个猪还卖一百多吊，我们工人的生命连猪都不如呀。"

文中还记载了鲁大公司接连两次停工，使得工人生活困苦，"蹙额相告生活无着"。控诉裁员恶行："那（哪）知道那狼心残忍的资本家，还以为这样不能制（置）工人的死命，还于正月十八日突然裁减工人六百七十余名。"造成"各工友莫不惊慌失措，依靠他作工不挣钱吃饭的老婆孩子都抱头痛哭。啼饥号寒的凄惨之声，遍地都是，路人闻之莫不酸鼻痛心。"继而发出号召："亲爱的父老兄弟姊妹们，这六百余失业工友，都是山南海北、七大八小、饥寒交迫、无路可走，本俱乐部为失业工友的生活计，誓率全体工友，向狼心的资本家反攻，不达到恢复失业工友的工作不止……速与我们以实力的帮助，援助我们的失业工友恢复工作，则感德不尽。"

1925 年 10 月，中共中央召开扩大会议。会议作出了《职工运动决议案》，要求为了适应当前斗争形势，各地党、团组织应建立一些公开的灰色的或不带任何政治色彩的工人组织，以团结联络工人群众开展斗争。中共山东地委也发出通知，要求各地党、团组织按照中央的精神开展工作。

同一时间，淄川炭矿工人俱乐部在今淄川区洪山镇三圣街成立。其活动宗旨是：联络感情，团结工友，向资本家开展斗争，为工人谋利益。此后，淄川矿区工人运动以党支部为领导核心，以工人俱乐部为公开活动阵地，以崭新的姿态登上了斗争舞台。

为了使俱乐部更具公开，工人们推选出中、日资本家都能接受的钳工把头沈延苓为委员长，铆工卢福坦为副委员长，张凤翔为秘书。俱乐部设秘书、组织、宣传、财政等部门。

在组织发展工人俱乐部的过程中，中共山东地方执行委员会对俱乐部这种形式的工人群众组织极为重视，多次派人到矿区进行指导。党组织积极开展工作，发展了张德水、刘兆章等工人入党，成为参加俱乐部活动的骨干人员。

俱乐部的会员还发了徽章，上书"工人俱乐部"字样，并刻有两把锤头、一面旗子的图案。矿工们佩戴着徽章，昂首挺胸进出矿区大门，连门警对他们都十分尊重。

五卅运动后，面对全国全省工人运动高涨的形势，鲁大公司资本家深知矿区工潮是早晚的事情。因此，一个企图借裁员，达到开除工人俱乐部领导骨干、以扑灭矿区工人斗争烈火之目的的阴谋，正在鲁大公司秘密策划、形成。

1926年2月10日，鲁大公司资本家借口"积煤过多，运输困难"，先后两次宣布停工半个月，并于1926年3月2日突然宣布关闭一部分煤矿，裁掉工人670人，其中有共产党员24人，俱乐部领导骨干大都在被裁之列，包括俱乐部副委员长卢福坦及骨干黄文、王敬斋。当时由于直奉战争爆发，交通阻滞，粮食等生活品紧缺，物价上涨，矿工生活十分困难，工作又丢了，更使他们的生活雪上加霜。广大矿工为求生存，纷纷要求组织起来斗争。

中共山东地委对淄博矿区的斗争非常重视，派刘俊才、李春荣与中共淄川支部共同组织领导这次矿工斗争。卢福坦、黄文、王诚信等人按照党组织的指示，召集矿工开会，组织被裁减失业的工人成立了"失业团"，组织其他工人成立了"后援会"。

"失业团"建立了工人纠察队与乡村宣传队；以工人俱乐部的名义，向淄川县分署、山东省长公署、淄川炭矿董事会发了函件，要求恢复被裁工人的工作。"失业团"还印发了《告工友书》《淄川炭矿工人俱乐部泣告父老书》，揭露鲁大公司裁人阴谋，教育和号召工人们起来斗争。

淄矿工人罢工时，鲁大公司给时任山东省省长的张宗昌打电话，谎称"工人暴动""厂里有赤化党"，要求派兵镇压，张宗昌指派济南军务公署的参谋金某，会同淄川县当局到炭矿"查看情况"，予以解决，并授予金某"根据需要，可以从张店随时出兵镇压"的权力。

工人俱乐部秘密得到消息后，组织工人家属和群众 300 多人，以"欢迎金参谋来炭矿给工人解决困难"为名义，在路上"拦轿喊冤"，控诉资本家一方裁人，不顾工人死活的图谋。这种联合家属、群众的方式是淄川炭矿工人与鲁大公司斗争的一种新办法。"失业团"工人扛着大字标语，在炭矿南门集会，工人及家属列队赴公司办公楼前，递交了他们的"要求条件"，第二天又到炭矿南门静坐示威。

鲁大公司迫于压力，要工人选派代表交涉。工人代表提出三项条件：一、恢复被裁工人的工作；二、外地工人发给路费；三、发给两个月的生活补贴。在斗争坚持了十多天之后，鲁大公司被迫答应了工人提出的部分条件。

淄川炭矿"失业团"斗争，是"五卅"运动以来，淄博矿区在共产党的直接领导下的一次较大规模的斗争，显示了淄博煤矿工人团结战斗的力量，在淄博工人运动史上是一个重大事件，在全国也产生了较大影响。

通过这次斗争实践的锻炼和考验，广大工人提高了自己的阶级意识和阶级觉悟，斗争中涌现出的中坚分子成长起来，为淄博矿区党和工运工作的发展积蓄了后备力量。

人物小传

张德水（1887—1939），淄川县邹家庄（现淄博市淄川区寨里镇邹家庄）人。淄博矿区早期工人运动领导人之一。17 岁即随父下煤井做工。1925 年参加淄川炭矿工人俱乐部活动，被推举为会员小组长，同年 7 月加入中国共产党。1928 年 5 月任淄川炭矿工会执行委员会组织委员。1929 年，由于叛徒出卖，不幸被捕。在狱中受尽种种酷刑，始终严守党的秘密。1932 年夏，经保释出狱。1937 年七七事变后，他组织成立第一个以矿工为主体的抗日小组，被编入八路军山东抗日游击队。之后又回矿区从事工人运动工作，立足矿区工会同日本侵略者展开斗争。1938 年

4月，淄博矿区职工抗日联合会成立，他任组织委员。1939年7月鲁中"反扫荡"斗争期间，在沂水县病逝。

刘兆章（1900—1929），又名刘昭章、刘兆璋。桓台县刘家茅托村人。矿区早期党员和工运领导人之一。1925年加入中国共产党，任党小组长。1927年9月，与邹光中一起组织成立矿区工会，发动矿工举行罢工斗争，遭反动军警逮捕，后经党组织营救出狱。1928年初，调中共山东省委工作。1929年初被捕入狱。同年7月，狱中党组织组织越狱。他赤手与狱警搏斗，打死狱警，夺枪把守狱门，使邓恩铭、纪子瑞等8名同志得以冲出监狱大门，分路疏散。越狱后，他躲居济南北郊侯家庄，又被叛徒告密。1929年在济南纬二路刑场英勇就义。

2. 1980 年革命回忆录《铁山党组织的起源和经过》

文物名称：1980 年革命回忆录《铁山党组织的起源和经过》
收藏地点：淄博市博物馆

位于张店的东部黑铁山巍巍耸立，革命火焰经久不息。铁山脚下红旗漫卷，一代代共产党人从这里出发奔向胜利的远方。

黑铁山更早之前的名字是铁山，这里以盛产优质铁矿石而闻名于世。早在 19 世纪末 20 世纪初，德、日帝国主义先后在这里修铁路、开矿山，进行侵略和掠夺，伴随着外国资本主义的入侵，工人阶级也在这里成长起来。

在铁山东麓的中埠村，有个号称"六吉堂"的大地主，这个大地主占有的土地，横跨益都、临淄、桓台、长山四县。他穷凶极恶、鱼肉乡民，对穷人的剥削压榨在铁山一带非常有名，当地人们对"六吉堂"非常痛恨，但却拿他没有什么办法，只能忍气吞声。

1924年底至1925年春，在中国共产党的领导下，国民会议促成会运动在全国展开，淄博地区在王尽美和邓恩铭的领导下，也成立了国民会议促成会，号召人民团结起来反对军阀统治，反对帝国主义列强的侵略。"六吉堂"自然成为淄博地区党组织斗争的一大目标。

为了摸清"六吉堂"的真实情况，1925年冬，在济南读书的山东农业专门学校学生王景陈，根据中共山东地方执行委员会的指示，趁寒假期间回到家乡中埠村进行社会调查。

1926年夏天，王景陈又回到家乡中埠村，在这里，他认识了同样具有进步思想的李清贵。他在回忆录中这样写道："当时，我在金岭镇县立第三高级小学读书，我们村的王景陈同志等一些进步学生，常来学校进行宣传活动。益都东关高级小学的校长杜华梓，也来学校传播进步思想。在他们的宣传和影响下，学生会很快成立了，我被推选为学生代表，出席了在益都东南宋家庄和张店南无影山庙内召开的工人、农民大会。"

在王景陈和李清贵的指导下，铁山一带的农民搬运工成立了"小车子工会"和"短工团"。在此基础上，1926年夏天，又成立了铁山农民协会。同时，由周玉林负责，建立了铁山一带的青年团组织，与农民协会一道开展工作。

农民协会成立后，首先开展了提高短工工钱的斗争。斗争的胜利，推动了各村农民运动的开展。

1926年秋末，根据王景陈的安排，中共山东区委派丁君羊、张洛书来铁山一带与李清贵接头，指导农运工作，丁君羊、张洛书以教师身份作掩护，指导农民协会积极开展反封建、反剥削、减租减息等活动，深得民心，使农民入会的积极性空前高涨，农民协会很快发展到南至金岭镇，北至金召，东至孙娄，西至尹家坞等十几个村庄，入会会员达3000多人。

　　1927 年春，中共张店地方执行委员会，派王明智、邹光中到中埠、铁冶、金召一带开展党的工作。他们首先将农民协会负责人李清贵、张振华等人发展为党员，在短短几个月内，党员人数迅速发展到 40 多人。党员数量的迅猛增长，迫切要求在铁山地区建立党的基层组织，于是，铁山地区基层党组织的建立便提到议事日程上来了。

　　1927 年 5 月的一天晚上，在铁山大洼的一块巨石前召开了党支部成立大会，到会党员代表 15 人。会上，王明智讲了当时的国内形势，建立党支部的重要性，党的性质和党的纪律。代表们一致推举李清贵为书记，张振华为组织委员，支部定名为中共铁山特别支部委员会。从此，铁山一带有了党的组织。

　　在中共铁山特支的领导下，广大贫苦农民团结起来，同帝国主义、封建势力进行了不懈的斗争。

　　1928 年 5 月，中埠村的大地主王叔训乘桑荒之机，派人把桑园控制起来，任意抬高桑叶价格，广大蚕农叫苦不迭。中共铁山特支便以农会的名义，发动带领蚕农冲进地主的桑园，赶跑了看园人，帮助蚕农渡过了桑荒。这是中共铁山特支领导农民协会反对地主势力的一次斗争，它的胜利有力地打击了地主阶级的嚣张气焰。

　　中共铁山特支在当时不仅规模大、人数多，而且党员素质高、战斗力强，使周围的反动势力望而生畏，对当时张店地区革命形势的发展起到了重要作用，是党在张店地区的工作重心开始由城市转向农村的重要标志。

　　王景陈（1901—1994），张店中埠村人。1923 与邓恩铭相识，在邓恩铭授意下加入国民党，以国民党员的身份为共产党办事。1926 年，在铁山领导成立了"小车子会"和"短工会"，同年夏在此基础上成立了铁山农民协会。1927 年，加入中国共产党。1927—1938，领导了同铁山护路队的斗争。1929 年，受党组织派遣，到临淄中学担任训育主任，掩护开展党的工作。1937年，与王明爽（王尽美之侄）到西安投奔杨虎城将军，受命组织武装，开展抗日游击战争。1950年，与山东党组织取得联系，恢复党组织关系。1994年，因病去世。

李清贵（1906—1991），淄博市张店区中埠村人。1927年加入中国共产党，后一直在铁山地区组织农民运动。1937年，参加由李人凤等创建的"临淄青年学生抗日志愿军训团"的组建工作和军事训练。1941年春，由于临淄独立营营长王砚田叛变投敌，李清贵被抓，后逃脱潜伏在家，停止了革命工作。新中国成立后，李清贵积极参加农业生产，在各项工作中起模范带头作用，受到党和政府的关怀，曾任淄博市第五届政协委员。1991年8月病逝。

3. 蒋西鲁的档案

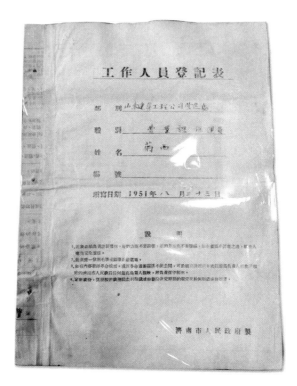

文物名称：蒋西鲁的档案

收藏单位：博山区委党史研究中心

博山中心路小学，位于淄博市博山区中心路 145 号，前身是博山报恩寺小学，博山地区第一个党组织——中共博山小组就是在这里成立的。在中共博山小组成立之初，有一个人起到了举足轻重的作用，他就是博山地区第一个中共党员，中共博山小组组长——蒋西鲁。

蒋西鲁，名正论，字西鲁，是博山县南关村龙泉街人，1901 年 10 月 4 日生。博山考院学校毕业后，曾在山头镇永和窑干过徒工，在全兴义、德成油店当过店员。1919 年 10 月，经联系到淄川炭矿（俗称大荒地煤矿）干油灯（安全灯）工人。该矿属山东鲁大公司管辖，名为"中日合办"，实为日本人一手操纵。日本人在这里不仅掠走了大量煤炭，而且榨尽了中国工人的血汗。蒋西鲁受"五四"爱国政治运动的影响，对腐败政府卖国屈辱行径愤愤不平，对日本帝国主义殖民统治和掠夺之残暴，痛恨在心。蒋西鲁受到王尽美等共产党人的启迪教育后，成为工人运动的积极分子，先后参加了中共山东地委在淄博矿区领导的"上海五卅惨案声援会""淄川炭矿工人俱乐部"的革命活动。1925 年 7 月，经中共山东地委派到淄川矿区开展革命工作的李春荣（赵秋华）和王敬斋介绍，加入中国共产党。1926 年 3 月，在参加了"被裁工人失业团"的斗争活动之后，由中共山东地委推荐去广州农民运动讲习所学习。

1926 年 10 月，蒋西鲁被中共山东区执委派到博山，党内职务是政治交通，公开身份是国民博山县政府农民特派员。他来到博山之后，首先到山头的万松山，还有西河、八陡等矿区，通过当时他在淄川炭矿工作时被裁减的一些工人与当地的农民进行联系，然后积极在农民中开展活动，积极筹建农民协会。同时，蒋西鲁还通过报恩寺小学教员、共青团员蒋敦鲁，利用学校作为阵地，积极培养物色活动骨干。

1926 年 11 月，中共山东地委派王元昌到博山，同蒋西鲁一起着手党组织的建立工作。经过一段时间的培养教育和实际斗争的考验，他们发展了蒋敦鲁、刘康侯、张雪五为第一批党员，并建立了中共博山小组，蒋西鲁任组长，隶属中共山东区执委领导。这是博山建立的第一个地方党组织。

中共博山小组建立后，积极开展工作，得到了山东地方党组织的肯定。在 1927 年《山东省委关于组织问题的报告提纲》中谈到党员分布情况时，说博山有党员 5 名，"博山同志经济观念正确"。

中共博山小组成立之后利用当时国共合作的形势，以国民党博山县党部出面开办的石印局作为依托开展工作。1926 年 12 月，集成石印局在博山大街正式成立开业。

石印局名义上为国民党党部和政府服务，也公开向社会承揽印刷业务，但主要是为中共山东区执委秘密印刷宣传品，以后又承担了中共山东区执委党刊《红星》的印刷工作。

一张张报刊的印制，如黑暗中的灯火，点亮了广大工人的希望。当时，博山已有党小组 2 个，党员已经超过 10 人，符合中共四大关于建立支部的规定，1927 年 4 月王元昌再次到博山，帮助建立了中共博山支部。支部由蒋西鲁负责，以后由蒋敦鲁任书记，隶属中共张店地方执行委员会领导。

支部按照中共山东区执委、张店地委的指示，大力进行党的发展工作，建立了矿区工人党小组，岳立傲任组长。1927 年 7 月，建立四乡特别党小组，谭克平任组长，至此，博山县分布在城区、矿区和农村的党员共 21 人，党小组 4 个。

大革命后，为适应新的情况，根据党的"八七会议"精神和中共山东省委的指示，8 月，中共博山支部把党的工作重心转入农村，开展农运工作。先后在西河、石门、源泉、石马、八陡等地，设立了宣传点，利用小学这个阵地举办农村夜校，向农村的知识分子以及农民进行宣传，揭露封建统治和军阀暴行。

1928 年 5 月下旬，蒋敦鲁、蒋西鲁在泰安参加革命活动，不幸被国民党山东省党部扣留，由于没有足够的证据，20 天后他们俩被具保释放。蒋西鲁便回到博山，在博山城以照相为业进行革命活动。

1928 年 6 月，国民党山东省委党部委任滕聘三为博山县整理党务委员，在博山开始"清党"。共产党员张学五、张子珍、丁希九同时被警察抓捕，关押在博山源泉二郎山监狱，在监狱中，他们未暴露共产党员身份，不久之后就被具保释放了。在山东省党组织遭破坏的白色恐怖下，中共博山支部与上级党组织中断了联系。

从第一个党小组建立到中共博山支部成立，博山的党组织在斗争中不断发展壮大，博山的工农革命运动也逐步开展起来。在后来的白色恐怖之中，博山党组织并没有被困难和挫折所吓倒，而是在斗争中不断完善和成熟起来，为以后博山地区的革命运动奠定了基础。

蒋西鲁（1901—1969），名正论，字西鲁，山东省博山县（现淄博市博山区）南关村龙泉街人。1925 年 7 月，经李春荣、王敬斋介绍加入中国共产党，曾任中共博山小组组长、博山支部负责人。新中国成立后，蒋西鲁在山东建鲁营造公司工作。1963 年，因病经组织批准退养。1969年去世。

4. 张敬焘使用过的酒壶

文物名称：张敬焘使用过的酒壶

收藏单位：淄博市博物馆

淄博市博物馆收藏一件张敬焘在博山用过的酒壶。锈迹斑斑的酒壶散发出历史的沧桑感，而壶钮上的红色琉璃则充满了指向性：正是中国琉璃之乡——博山。

在博山有座博山公园，旧名李家林。这里东临孝妇河，背靠原山，登上山顶就能将整个博山城尽收眼底。如今，这里已然成为博山人休闲娱乐的场所，时光荏苒，80 多年前，这里发生了淄博党史上的一个重要事件——中共博山特别支部的恢复重建。

中共博山特别支部成立以来，几经风雨，屡遭破坏。1930 年 6 月，中共博山特别支部成立，孙振华任书记。1931 年 4 月，支部遭到敌人破坏，同年 11 月重建，1932 年 6 月又遭到叛徒的破坏，党组织的活动被迫停止。

1936 年 5 月，中共中央北方局派黎玉到山东，在济南恢复建立了中共山东省委（对外称工委），黎玉任书记，赵健民任组织部长，林浩任宣传部长，至此，山东各地党组织又有了统一领导机构，淄博地区党组织再次活跃起来。

1937 年 1 月，杨明章到博山巡视"民先"工作期间，蒋方宇、张敬焘、乔同恩请他帮忙联系加入中国共产党，4 月，蒋方宇借清明之际，到北平燕京大学向杨明章汇报了博山"民先"的活动情况，再次提出加入中国共产党的要求。在此期间，杨明章指导蒋方宇阅读了一些党的纲领性文件及秘密刊物，还送给蒋方宇两本书，一本是斯大林的著作，另一本是油印的《中国抗日民族统一战线基本问题》的小册子，要他回博山后加快发展"民先"组织，组织部队成员学习。

1937 年 5 月，"民先"北平总部又派巡视员杨明章到博山，在宁康医院与蒋方宇、张敬焘、乔同恩面谈，杨明章讲述了抗日民族统一战线的意义，还讲解了党的基本知识等有关内容，这使他们进一步了解了党组织的纲领和性质，更加渴望早日加入中国共产党。

1937 年 6 月 1 日，在博山城外李家林，鹿省三代表中共山东省委宣布接受乔同恩、蒋方宇、张敬焘为中共正式党员，成立中共博山特别支部（简称中共博山特支），由乔同恩任书记，蒋方宇任组织委员，张敬焘任宣传委员。中共博山特支恢复建立后，当即召开会议，确立了继续发展壮大"民先"队伍，积极稳妥发展党员，进一步开展抗日救亡活动的工作目标。

1937 年 7 月 7 日，日本侵略军制造了震惊中外的"卢沟桥事变"，中国抗日民族解放战争从此开始。7 月 8 日，中共中央发布《中国共产党为日军进攻卢沟桥通电》，号召"全国人民、政府和军队团结起来，筑成民族统一战线的坚固长城，抵抗日寇的侵略！"中共博山特支积极组织抗日宣传活动，发动洗凡中学学生组成宣传队，深入八陡、西河、太河等地，通过办报、集会、散发标语、传单等形式进行宣传，号召工、农、兵、学、商团结起来，不当亡国奴，一致抗日。他们的一系列抗日举措，为动员博山民众投入抗日救国运动，打击日本侵略军起到了积极的领导作用。

7月中旬，中共山东省委在济南召开会议研究形势和工作，决定组织抗日游击队，发展抗日救国民众团体。中共博山特支根据省委"关于做好迎接抗日游击战"的指示，在怡园小学开办了工人夜校和游击战术训练班。

中共博山特支在博城怡园小学举办了游击战术训练班，并在城里至柳杭的街道上进行了一次战地救护演习。还组织宣传队深入到农村进行抗日救国宣传活动，采取演出抗日文艺节目、教唱抗日歌曲、张贴抗日标语等形式，揭露日军的侵华暴行。

1937年10月，为加强鲁东地区党组织和抗日武装斗争的领导，中共山东省委宣布成立中共鲁东地区工作委员会。会后，中共博山特支为了组织抗日武装，把活动中心由城市转入农村，根据中共山东省委指示，中共博山特支改称中共博山工作委员会（简称中共博山工委）。

中共博山工委积极贯彻党在敌后开展游击战争的方针，宣传抗日救国十大纲领，并根据中共中央北方局"每个优秀的共产党员脱下长衫，到游击队去"的指示，以及中共山东省委制定的发动抗日武装起义的纲领，在报恩寺小学和怡园小学组织城里的共产党员、"民先"队员、青年分两批下乡，筹建抗日游击队。

抗战爆发后，中共博山特支积极贯彻执行党的抗日民族统一战线政策，发动各阶层群众，积极开展抗日救亡运动，在博山城乡形成了抗日救亡热潮，为地方抗日队伍的创建，奠定了坚实的群众基础和思想基础。

张敬焘（1914—2002），博山大街人，1936年5月参加革命工作，1937年6月加入中国共产党。抗日战争时期，历任中共博山县特别支部和县工委宣传委员，山东人民抗日救国军第六军大队政治部副主任，八路军山东人民抗日游击队第四支队一团五连政治指导员，中共博山县委书记、县长、益临工委书记、鲁中第五地委副书记等职。解放战争时期，历任中共淄博特委书记兼警备区政委、泰山地委副书记、泰山地委书记兼军分区政委。建国后，先后任中共泰安地委副书记、书记兼军分区政委，中共上海沪西产业区委副书记兼组织部部长，普陀区委书记，中共上海市委委员、副秘书长，中共青岛市委第一书记兼市长、市政协主席，第三届全国人民代表大会代表，中共山东省委常委。1970年以后，历任济南市委副书记、市革委会副主任，济南市委书记、市革委会主任，烟台地区革委会副主任、中共烟台市委副书记、烟台市革委会副主任。1977年以后，先后任山东省革委会重点工程会战指挥部常务副指挥，山东省革委会工交办公室副主任、党组副书记，山东省革委会基本建设委员会主任、党组书记，山东省革委会副主任，山东省副省长、省政府党组成员，省政府特邀顾问。1998年2月离职休养。2002年12月24日在济南逝世，享年89岁。

蒋方宇（1914—1980），又名蒋衍桂、蒋方蔚。博山大街人。"九一八"事变后，积极投入抗日救亡宣传活动。1936年秋，经北平辅仁大学学生王克常介绍加入中华民族解放先锋队。后任博山"民先"地方大队部大队长。1937年6月加入中国共产党。历任中共博山县委组织委员、县抗日游击队政治部主任，八路军山东纵队四支队先遣第一大队政治委员，中共泰山地委常委兼组织部长，中共济南工委副书记兼组织部长等职。1948年9月济南解放后，任中共济南特别市委组织部副部长、中共济南市委常委兼组织部长。1954年5月起，先后任河北省寿王坟铜矿党委书记，中共承德市委书记处书记兼承德钢铁公司党委书记、经理，冶金部中条山有色金属公司党委书记等职。1980年1月21日在济南病逝。

5. 廖容标使用过的公文包

文物名称：廖容标使用过的公文包

收藏地点：淄博市博物馆

在淄博市博物馆众多的藏品中，收藏着一件文件包，由开国中将廖容标的夫人汪瑜捐赠。文件包整体长 20 厘米，宽 7 厘米，高 24 厘米，四四方方，皮质材料，外部呈现红褐色，一道道使用痕迹依稀可见，仿佛在向我们叙述着廖容标司令员在抗日战争期间所经历的一切。

廖容标 1912 年出生于江西赣县，1929 年参加红军，1935 年跟随部队长征。全面抗战爆发后，组织上派廖容标去山东进行敌后工作。1937年 10 月，廖容标抵达济南，受到山东省委书记黎玉接见。经省委研究，派廖容标前往长山县（今邹平市）长山中学，以体育老师的身份开展工作。廖容标和在长山中学工作的姚仲明、原中共鲁北特委负责人赵明新组成党小组，由姚仲明任组长，直接归省委领导。省委要求他们立足长山中学，团结进步人士，发动和组织抗日武装。之后，廖容标与马耀南等组织领导了著名的黑铁山抗日武装起义，宣布成立山东人民抗日救国军第五军，廖容标任司令员，姚仲明任政治委员。抗日救国军第五军成立后，进行了小清河伏击战，打击了日军的嚣张气焰。清河伏击战胜利的消息很快在鲁北平原传诵，后来还载入了当时山东抗日根据地的小学语文课文。

这次伏击战使日军大为震惊，他们抓来老百姓询问到底是谁干的，老百姓不愿意说出实情，只说是一支"菩萨军"干的。

随后，山东人民抗日救国军第五军又跟日军连续进行了三次作战，均取得了胜利。

1938年1月下旬，部队进驻淄川县罗村。廖容标挨家挨户宣传抗日，访问百姓疾苦。部队也严格执行群众纪律，帮百姓扫地打水。村里的一位老大爷就说：

"这支部队打鬼子厉害，还跟咱们穷人心连心，真是救苦救难的活菩萨。"

从那以后，"菩萨军"的称号就在清河地区、淄河地区、泰山和沂蒙地区传诵开来，廖容标也被称为"菩萨司令"。中共山东省委书记黎玉后来去延安给毛主席汇报工作时，说红军干部廖容标被当地称为"菩萨司令"。毛主席听了很高兴，说：

"山东八路军出了个'菩萨司令'，他就是我们的廖容标同志。"

在淄博战斗期间，廖容标司令曾经为了民族大义，团结一切力量共御外敌，力排万难勇闯"鸿门宴"，在淄河流域留下了一段佳话。

故事发生在1938年3月初，为发展抗日武装、壮大抗日力量，廖容标司令员、姚仲明政委率领黑铁山抗日武装起义部队——山东人民抗日救国军第五军的主力跨过胶济铁路，南下淄河流域。

在长秋村，廖容标司令员从冯毅之处了解到当时在淄河流域，已经出现了各种游杂队伍，要为淄河流域的抗战做好准备，就要想尽办法团结、争取和改造这些队伍。

基于五军的声势，司令廖容标和政委姚仲明首先调停了两股最强的地方势力的械斗。之后，五军进驻太河村。

太河村位于淄河流城中段，地理位置重要。自胶济铁路重镇张店被日军占领后，这里便是鲁中山区南北交通枢纽，谁控制了太河村，谁就占据了淄河流域的北大门。

进村后，廖容标、姚仲明拜访头面人物、召开士绅名流座谈会，宣传党的抗日民族统一战线。但是，两天后，吴鼎章部突然向太河村发起进攻。

打不打？事情发生得突然，廖容标、姚仲明冷静地分析了形势后，认为不能打！因为这一仗无论打赢还是打输，都是内耗，都有利于日军。为避免冲突，五军撤出太河村，至金鸡山下的东下册村宿营。

吴鼎章部趾高气扬地进入太河村。当晚，姚仲明写了一封措辞严厉的信，斥责吴鼎章假借受编之名，行破坏抗战之实，应承担引起的一切后果。

吴鼎章接信后，派人回信一封，自我检讨一番，并要求五军派人到太河村谈判共商抗日大计！

吴鼎章的信，明摆着是一道难题。派人去，风险与危险并存。不去，他则把责任全部推到我军头上，反说我们缺乏合作诚意。

为了团结抗战，廖容标主动提出，亲自去太河村！

姚仲明思虑再三，也觉得只有廖容标最为合适。但他总捏着一把汗，因为吴鼎章毕竟是帮会头目出身，覆手为云、翻手为雨，反复无常、难料前后。

为廖容标安全起见，姚仲明做了细致的准备工作。他在协调冯毅之等予以协助的同时，从五军中挑选出刘锡琨、胡立义、张捷三、刘培农四名贴身警卫。他们每人"四大件"（一支驳壳枪、一支冲锋枪、一把大刀、四个手榴弹），随伴入村，护卫廖司令！

当天下午 2 点，廖容标带四名警卫员昂首挺胸走进太河村北寨门。

廖容标在后来的回忆录中写道，"只见道路两旁有许多伏兵，荷枪实弹地注视着我们一行五人……再往前走，只见北寨门上架着两挺机枪，宅门内外更是五步一哨、十步一岗"。

廖容标勇闯鸿门宴（油画）

进得村来，走到吴鼎章戒备森严的司令部大院，在四名警卫的护卫下，不卑不亢的廖容标与吴鼎章针尖对麦芒、有张有弛地交锋来往几番。吴鼎章设局不成骑虎难下，被迫与我军达成联合抗日的谈判协议。此事，即为史书所记的著名的"太河谈判"。

廖容标司令员等人所促成的太河谈判，充分展现了共产党人为抗战、为民族大义所展现的宽广胸怀与为人民而战的决心，也促成了鲁中南部山区抗日武装力量的汇聚，为未来战斗的胜利夯实了基础。

6. 李人凤印章

文物名称：李人凤印章
收藏地点：淄博市博物馆

淄博市博物馆现收藏有李人凤印章一枚，这是 1939 年他在淄河流域进行抗日运动时，选用"淄河玉"篆刻的个人印章一枚。"淄河玉"质地细腻坚实、光滑透亮。古语有言：金玉有本质，焉能不坚强。琢玉为印，顶刻"上"字、底为名章。正所谓印如其人、琢玉如琢心，君子品质如玉似铁，初心如玉、意志如铁，争做人中之凤。

李人凤，出生于临淄区皇城镇南卧石村的一个农民家庭，原名李本厚。后自取《诗经》中"凤凰于飞，翙翙其羽，亦傅于天"一句，改名人凤。以此表达他立志做"亦傅于天""人中之凤"的远大抱负。

李人凤聪慧好学，幼年读书时，老师便评价他有"翰苑之才"。1926年，他考入青州省立第十中学读书，1929 年考入青州省立第四师范学校，在校期间他在中共地下党员马石庵的引导下，参加了"反帝大同盟""互济会""左翼作家联盟"等共产党外围组织，并担任我党领导下的山东第四师范学校"左联"支部书记和师范学生会会长职务，积极从事学运工作。1932 年，李人凤因发动学生参加抗日救亡运动遭到通缉，经王景陈秘密安排到西安避难，加入了杨虎城的部队，担任军需员。1934 年李人凤应临淄县立第二小学校长陈梅川邀请返回临淄任教，他重视学生的思想教育工作，积极传播党的革命理论，培育学生爱国热情，种下了一颗颗革命的种子。1937 年，陈梅川调走后，李人凤任该校校长，任职期间治校有方，积极传播新思想、新文化，教育和团结了一大批思想进步的学生和青年教师，发展了革命的力量。

抗日战争全面爆发以后，临淄地区县立中学的学生冲破种种阻挠，组成宣传队，分赴农村宣传抗日，动员群众捐献，支援抗日前线。县立小学、各乡村小学的教师和学生也都进行了抗日宣传活动。

为了拯救国难，激发学生的抗日热情，临淄西关小学利用各种形式和机会，对学生进行抗日救国教育，发动学生阅读进步书刊，学唱抗战歌曲，成为临淄发动抗日武装的策源地。李人凤响应中国共产党的抗战宣言，准备以西关小学为基地组织抗日武装，得到了广大师生的热烈支持和拥护。这时，共产党员李曦晨来到了临淄，与李人凤等人共同策划组织抗日武装。

李人凤等利用合法的形式迅速组建抗日武装。当时的临淄县长冯谦光也正想打出抗日这面大旗，扩充自己的势力。李人凤主动同他商议建立抗日武装之事，取得了冯谦光的同意，并定名为"青年学生抗日志愿军训团"。

1937 年 11 月，临淄地区第一支抗日武装力量——临淄青年学生抗日志愿军训团，在今齐都镇西关村成立。军训团招收学员 120 名，编为一个中队，辖 6 个班，每班 20 人。临淄人民在中共地下组织的领导下，迅速行动起来，投入到抗日战争中去。

军训团原定训练 3 个月，但是由于日军渡过黄河后侵占了周村、张店，临淄县的形势异常严峻，队伍训练被迫停止，准备抗击日本侵略者。军训团多方筹措，搞到了 50 支枪，1600 发子弹，成了名副其实的抗日武装。学生军能不能打？大家心里都没底。事实证明，在强烈的革命信念鼓舞下，军训团表现出了空前的团结勇敢和较强的战斗能量。

1938 年 1 月 4 日晚，军训团得到情报：占领张店的日军，为策应从青岛登陆的日军西进，迅速打通胶济铁路全线，5 日将东犯临淄等地。1 月 5 日凌晨，李人凤率领军训团队员在临淄矮槐树村至合顺店一带，伏击了由张店沿胶济铁路东犯的一支日军先遣队。在这次战斗中，这支从未经过战斗的学生军，击毙了日军分队长吉田滕太郎，打死打伤日军十多名，缴获枪支弹药、图囊、军旗、战刀等此类战利品。

这次战斗是日军侵入山东境内后，在胶济线上遭到的第一次打击。这一战使军训团威名大震，广大人民群众认识到这是一支真正的抗日队伍，许多青年踊跃参加。

同月，国民党蓝衣社为了扩充实力，以抗日为名，整编临淄地方武装。军训团为了保存力量，扩充实力，以便条件成熟时将队伍拉出，接受了蓝衣社的改编，改称"国民革命军冀鲁别动队第二梯队第 3 大队"。

3 大队粉碎了蓝衣社企图将部队带到鲁南进而吞并的阴谋，把部队拉到了胶济铁路以北的平原地区，此时的 3 大队已经发展到 300 多人。不久，3 大队从临淄五区的刘地官庄，转移到了与共产党的几个领导机关距离较近的临淄郑家辛村附近。1938 年 3 月，中共鲁东工委和中共广饶县委先后派共产党员杨涤生、吕乙亭、任圣符等加入 3 大队，从而加强了 3 大队党的领导，充实了各中队的领导骨干。

1938 年 7 月，八路军山东人民抗日游击队第三支队副司令员杨国夫在临淄城北寇家庄召开整编大会，将 3 大队改编为八路军山东人民抗日游击队第三支队第 10 团，李人凤任团长。

1938 年至 1939 年 1 月，侵华日军先后占领了临淄、广饶县城，打通了辛店至石村公路，并不断有运送兵员和军火的车辆由此通过。为了破坏日军的军需运输，打击日军的嚣张气焰，10 团在胶济线上扒铁轨、炸火车，在辛店公路旁设埋伏、打汽车，给日军以沉重的打击。

1939 年 1 月 25 日，10 团 2 营在团长李人凤的带领下在临淄城北的岳家庄伏击日军的运输车队，打死打伤日军百余人，击毁日军汽车 7 辆。

此时正值日军连占临淄、寿光、广饶、博兴4座县城，群众情绪有些低落，10团的胜利不仅给日军以沉重的打击，而且极大地鼓舞了抗日军民的士气。

李人凤（1911—1973），原名李本厚，化名李淑为、王守全，淄博临淄人。七七事变后，组织创建了临淄人民第一支抗日武装——临淄青年学生抗日志愿军训团。1938年7月任八路军山东人民抗日游击队第三支队第十团团长。1939年9月任八路军山东纵队第三支队副司令员。1940年以后，历任清河区行署专员、渤海行政公署副主任、主任。解放战争时期，领导渤海区人民开展土地改革运动。1949年春随军南下，参加解放和接管上海的工作，任上海军管会接管专员。新中国成立后，任国务院地方工业部轻工业局局长、轻工业部部长助理等职。1973年6月因迫害至死。1980年4月中共中央为其平反昭雪。1984年2月，经中共中央批准，山东省委为其平反。

李曦晨（1912—1939），原名李世光，字梅秋。临淄齐陵镇齐家终村人。临淄青年学生抗日志愿军训团的组创者之一。1930年考入山东省立第四师范。在校期间，参加了四师的"社会科学研究会"和"左翼作家联盟"等进步团体并很快成为核心骨干。1931年5月，加入中国共产党，任中共益都县委员会青年部长、四师党支部书记。1932年8月，益都县委遭受破坏，他又被任命为益都县党团联合委员会（即临时县委）书记。1933年3月，因叛徒出卖被捕。1937年秋出狱后，联合李人凤、陈梅川、崔栋生等进步志士，组织创立临淄青年学生抗日志愿军训团。1938年2月任三大队政治处副主任。7月，三大队改编为八路军山东人民抗日游击第三支队第十团，任团政治处主任。1939年9月三支队成立独立团，任团政治委员。12月10日，支队司令部和独立团挺进莱芜县茶叶口以北地区，与日军遭遇。在率独立团抢占西周峪西山阻击敌人时，不幸中弹牺牲。

7. 抗日战争时期胶济大队政委陈凤久同志照片

文物名称：胶济大队政委陈凤久同志照片

收藏地点：淄博市博物馆

在抗日战争年代，齐鲁大地上有一支威震日寇的"铁道游击队"。不过，鲜为人知的是，在抗日战争的光辉历史上，还有另一支"铁道游击队"，他们活跃在胶济铁路中段一带，被称为"胶济大队"。这支游击队，成立时间更早，论战绩、规模均不次于被写成小说、拍成电影电视剧的那支"铁道游击队"。

1940年，根据抗战形势，八路军山东纵队第四支队一团团长吴瑞林，同政委李伯秋、参谋长于淞江等研究决定，组建胶济大队，同年7月，胶济大队在莱芜四区的高庄宣告成立。全队共有40多个人，张慧源任教导员，于松江兼任大队长，主要活动在淄川、临淄、桓台、长山、益都等靠近胶济铁路和张博铁路附近的这一片敌占区。

1940年12月，鲁中军区在蒙阴县的黄庄对部队进行了调整，由13中队队长刘子祥任大队长，杨勇任教导员，并从鲁中军区二团各连抽调60名战斗骨干组成了胶济大队一中队和一个短枪班。为了加强队伍的思想建设，还设立了党总支委员会，杨勇任党总支书记。

大屯村地处淄川北部，是一个只有二百多户人家的小村，在大屯村有一条贯穿村子的大街，抗日战争时期，就在这条短短的街道上，发生了一场载入史册的战斗，1941年1月，在一场瑞雪中，大屯庄迎来了新年，然而村里的百姓却并没有过上一个安生年。平日里，驻扎在南定车站的日伪军频繁扫荡，由于快过年了，这些日伪军就到南定车站西边这一片的村庄去搜集过年吃喝的东西，整个这一带的村庄都鸡犬不宁。

1941年1月9日，重组后不久的胶济大队进驻到淄川大屯村。刚进村，大队长就收到村长陈桂连的报告，今天南定的日伪军20余人上午去西边村庄催要过年吃喝的东西，下午经过大屯村回南定据点。听到这个消息，大队长刘子祥非常高兴，立即组织人员制定了作战方案，准备在大屯村的大街伏击日伪军。

黄昏时分，日军带着扫荡来的东西钻进了胶济大队设的埋伏圈，大队长一声令下，日伪军一个个应声倒下。这场伏击战，是胶济大队成立后，进行的第一次战斗，虽然没有取得全歼日军的预期目的，但是也给日军一个沉重的打击。

从那以后，胶济大队正式进入敌占区作战，部队在"打胜仗、过春节"的口号下，长途奔袭，在长山县的尹家坞设伏袭击了由卫固据点出动的敌人，击毙击伤日伪军20余人。

春节过后，部队由临淄插入桓台境内，自卫还击了国民党顽固派第24旅的进攻，火烧顽军老巢于家堤大围门，遏制了24旅的破坏活动。在胶济线张店附近，拔除了日军据点，奇袭湖田火车站，为八路军过往胶济线扫除障碍。

这一连串的胜仗，打出了胶济大队的名声，胶济铁路和张博铁路这一带的日伪军可以说是闻风丧胆，胶济大队在敌占区的斗争全面展开。

1942年春，胶济大队，开展反伪化、反封锁斗争，发动群众收集炸药，支援主力部队反"扫荡"。6月下旬，胶济大队辗转到沂水进行休整，再次补充了人员，马升九任大队长，魏怀忠任教导员，随后重返敌占区。

1943年秋，中共淄西工委和淄西办事处成立，胶济大队划归淄西工委领导，李才厚任大队长，李敬远兼任教导员，大队下设3个小队和1个短枪班，共40余人。

胶济大队还乘敌人"扫荡"，后方兵力空虚之机突入敌穴，开展拔据点活动。1944年5月，胶济大队夜袭常旺庄据点，一举将敌人的炮楼炸毁并活捉了伪区长以下全部伪军，敌人刚刚建立不足百日的据点被彻底摧毁。

在淄西工委和淄西办事处的领导下，胶济大队不但控制了胶济铁路和张博铁路，还开辟了淄西根据地，保证渤海至鲁中地区的通道安全。抗日战争胜利后，中共淄西工委和淄西办事处撤销，胶济大队再次改编，此时胶济大队已经由刚刚成立的四五十人发展壮大到100多人，成为一支有较强战斗力的地方抗日武装。

1945年7月，中共渤海区党委组建了胶济工委，陈凤九任书记，8月18日，第五军分区政委岳拙园在寿光城约见了李玉轩，传达了渤海区党委、渤海军区关于组建胶济大队的电报命令，要求胶济工委认清形势，迅速组织武装，占领胶济铁路。

8月21日，孟兆宽、郑俊斋率先在淄河店组织起一支30多人的武装，编为胶济大队第一中队，9月初，陈凤九、杨铁山在益都附近的北霍陵一带，组织起一支20余人的队伍，编为胶济大队第二中队。

11月，中共渤海区三地委城工部长何凤池任胶济工委书记，兼胶济大队队长，陈凤九任胶济工委副书记，兼胶济大队政治委员，原张店武工队队长耿子安任胶济大队副队长，李玉轩任胶济大队副政委。张店武工队、周村武工队依次改编为胶济大队第三、四中队。至此，胶济大队发展到4个中队近300人。

1946年2月至3月上旬，刚刚组建完成的新胶济大队奉命执行遣送日军战俘的任务，负责由普集到谭坊段的押送工作，4个中队按地段分工，各司其职，在近两个月的时间里，近万名日军战俘及其家属安全通过了管辖区段。

自抗日战争结束，到1946年6月全面内战爆发前这段时间，和平与内战的两种可能并存，谈判与作战交替进行，"停战实现天下太平"的麻痹思想开始在各支队伍中蔓延。

为了赢得政治上和军事上的主动，华东局根据中共中央关于开展生产、减租减息和练兵三大工作的要求，于1946年2月15日发出了《百日练兵工作的指示》，要求山东及华中党组织领导所属部队从2月25日至5月底进行三个月的"百日练兵"运动。

1946年2月初，胶济工委在金岭镇召开工委会议，决定将胶济大队部由金岭镇迁至上湖田镇，3月，胶济大队集结于上湖田，一面监视与阻击张店之敌，一面开展了轰轰烈烈的整训练兵运动。

整训练兵历时三个月，在进行整训练兵的时候，各部队还注意加强基层党组织建设，加强了连队党支部，吸收了大批积极分子入党，进一步增强了队伍的战斗力和凝聚力。

1946年秋，胶济工委在益都县（今青州市）境内的长秋村召开会议，对工委进行了第三次调整，宣布胶济工委复归中共渤海区三地委领导，胶济大队对所属各中队干部也作了部分调整。

1947年2月28日，张店获得第二次解放，胶济工委再次进驻张店，胶济大队改为张店市卫戍部队，三中队抽调20余人组成了临时纠察队清剿匪特，整顿城区治安。期间，李玉轩奉命调博兴县独立营任政委，一中队补充到益寿独立营，脱离了胶济大队。8月上旬，渤海三地委和第三军分区决定胶济大队不再分散活动，实行集中管理，同时协助地方党组织深入群众开展宣传教育工作。

1947年8月，陈凤九参加中共渤海区党委召开的土地工作会议，从此离开了胶济大队。9月，何凤池离开胶济大队去三地委主持工作，10月胶济大队所属二、三中队合并，12月，与淄东武工队一起改编为渤海军区14团3营8连。

至此，胶济大队完成了它的历史使命。升入主力部队后的胶济大队先后参加了潍县、济南、淮海等战役，为全国的解放做出了贡献。从抗日战争到解放战争，胶济大队在 7 年多的战斗生涯中，紧紧依靠党的领导和广大人民群众的支持，以胶济铁路为主要战场，坚持武装斗争，坚持开展群众工作，为人民的解放事业立下了不朽的功勋。

邹光中（1903—1940），张店洪沟人。山东工人运动的早期领导人之一。1923 年初在张店机务段任火车司机，结识中共山东地方组织主要领导人王尽美、王复元等人。1924 年初，张店铁路工人工会正式成立，他被推荐为主要负责人之一。是年 7 月，加入中国共产党。1925 年 2 月 8 日，邹光中因参加胶济铁路大罢工被开除，后党组织安排他专职从事工人运动。年末，赴坊子机务段建立坊子铁路工会。1927 年中共淄博张县委成立，被任命为负责人之一。1928 年 11 月调任中共烟台特支书记。1929 年 4 月，因叛徒告密被捕。叛徒王复元亲自劝降，被拒绝后，王复元将邹暗地编入国民党山东党部义务侦察队，强派青岛，刺探共产党情况。邹光中识破敌人奸计，暗中寻找共产党组织，秘密与中共山东省委取得联系。王复元被铲除后，他逃离侦察队。1931 年中共山东省委正式恢复邹光中的组织关系。由于环境恶劣，次年，邹再次失掉党的关系，重操司机旧业。1936 年调湖南衡阳站工作。七七事变后，第五战区职工抗日联合总会成立，邹光中被李宗仁任命为工会主任。翌年 5 月，为配合台儿庄会战，经中共山东省委同意，与张天民重建五战区工会，仍任主任。期间，他先后建立淄博矿区工会和胶济铁路工会，他们搜集日军情报，掩护八路军游击队，破坏铁路设施，组建起百余人的铁道大队，他任大队长，带领铁道大队筹集粮饷、枪支，袭扰日军，炸毁军列。1939 年 10 月，中共山东分区组建山东工人第六支队，邹光中为司令员。1940 年 2 月，当选为山东省宪政促进会常委。同年 4 月，在"肃托事件"中，被错杀。1988 年 7 月，中共山东省委组织部为邹光中平反，恢复名誉，追认为革命烈士。

何凤池（1905—1996），化名李仲良，潍坊坊子东曹庄人。1926年6月，加入中国共产党。1927年6月，何凤池受山东省委的派遣，到苏联军事速成班学习。继而又被调到共产主义劳动大学学习。1929年11月，被调往伯力（今哈巴罗夫斯克）城南刘伯承统帅的远东国际军，任支队长。1930年4月回国后，参加苏皖边界农民暴动，曾任红军独立师司令。暴动失败被捕，其在狱中与敌人顽强斗争。期间，曾与狱中的同志策划两次越狱暴动，但均未成功。1932年底，被营救出狱后，返回原籍继续从事革命活动。抗日战争期间，先后任八路军鲁东游击队二大队队长，中共昌潍县委书记、县长。1945年10月后，历任中共渤海区三地委城工部长兼胶济工委书记、胶济大队大队长，区党委组织部副部长等职。1946年2月，胶济铁路济（南）潍（县）管理处成立，何凤池任处长。3月，参加了"三人小组"谈判，就张店至谭坊段铁路通车问题，与国民党代表进行了针锋相对的斗争。1947年3月，任张店市市长兼卫戍区司令。新中国成立后，历任济南铁路局党委副书记、国家铁道部党校副校长等职。1982年12月，离职休养。1996年，因病去世。

8. 吕乙亭照片

文物名称：吕乙亭照片
收藏地点：淄博市博物馆

在历经时间洗礼后，这张照片依然崭新如故，照片中的人神情有些严肃，眼神炯炯——他叫吕乙亭。这是一个令敌人闻风丧胆的名字，老百姓说："盼八路，迎乙亭，乙亭来了得太平。"在这张照片拍摄之后不久，年仅 24 岁的他倒在敌人的枪口下。

1986 年的清明节，太河水库旁边的豹岩山上，"太河惨案死难烈士纪念碑"揭碑仪式即将开始。风大，人们只好把一个个花圈暂放在山腰麦田里。绿色的梯田枕依着太河水库万顷碧波，这高峡平湖又偎傍着巍峨起伏的高山峻岭，而山山水水深情拥抱的，是一片片一簇簇绚丽的花环……这时，一位在山巅的摄影师，蓦地发现了这一深沉悲壮的画面，他的心立刻受到震撼，竟至热血沸腾、热泪盈眶！呆愣了片刻，他奔向那"高山下的花环"，"喀嚓"瞬间留驻了永恒……

时光追溯到 1939 年 3 月，在山东清河地区坚持敌后武装斗争的八路军山东纵队第三支队，选派 62 名干部、战士到鲁南"山东军政干部学校"和延安"抗日军政大学"学习，带队的是第三支队政治部主任鲍辉，同行的还有第三支队特务团团长潘建军和护送营营长吕乙亭等人。

这时，淄河流域一带已被国民党王尚志部占据。为避免发生冲突，顺利通过，护送部队先派人与王尚志部取得联系，说明从此路过的意图，王尚志表示可以通过。

3月30日清晨，部队出发，四连在前，七连卫后，中间是受训人员，成一路纵队南进。到达离太河镇只有8里路的桐古村时，发现王尚志部荷枪实弹，策马往来，气氛有点不太对劲。

当部队转过金鸡山，在离太河镇不远的河滩路上行进的时候，突然迎面出现四、五名王尚志部的联络人员，他们传达王尚志的命令，要我部按他们限定的路线，沿太河镇西围墙下通过。

太河镇南北狭长，周围有一丈多高的石围墙。围墙与淄河之间，是一条三四米宽的通道。部队绕过金鸡山，只见太河镇围门紧闭，村头上、围墙上、山头上已布满了人。为防止意外，吕乙亭命令部队再拉大距离，间隔五步，加速前进。中午时分，部队来到镇西北角，顺着狭窄通道前行，此时围墙上有人在不怀好意地嚎叫。吕乙亭果断命令部队肩枪，高唱起"中国人不打中国人""大刀向鬼子们的头上砍去"等抗日歌曲继续前进。

当大部分人员走近太河镇西门外的围墙时，一架架机关枪从围墙上露了出来，王尚志部突然从太河镇制高点钓鱼台首先向八路军受训部队开枪射击，用猛烈的炮火将受训部队压制在毫无遮蔽物的狭窄河滩上。带领尖刀班走在最前面的吕乙亭营长当场中弹牺牲。

部队前路被阻，后路被封，两边是耸立的山崖。在这危急时刻，身负重伤的鲍辉和潘建军仍然采取克制态度，命令"不要还枪"，向围墙上敌人高喊"枪口不要对内""中国人不打中国人！"

但是，正义的呼声并没有唤醒敌人已经泯灭的良心。在敌军有预谋的伏击下，受训部队猝不及防，四连长许子敬与受训干部孙晓东等果断向东南方向冲击，率领38人突出重围。没有进入西围墙下的后卫部队20

多人，也从河滩上向北逃出虎口。但其余210名干部战士落入敌人魔掌。

敌人把他们押到太河镇一家酒店院子里拷打询问，而我军战士却毫不屈服。敌人为了掩盖其罪行，当夜在太河镇东门外秘密将鲍辉、潘建军、邓甫晨等3人杀害。烈士的尸体被野狗撕得断臂残肢，令人目不忍睹。

第二天，敌人把其余被俘的干部、战士押到峨庄，逐一登记。王尚志假惺惺地出来训话，大谈蒋介石"限共""灭共"政策，企图用甜言蜜语蛊惑我被俘人员。被俘人员怒火满腔，四连指导员张林等人，带领大家愤怒地高喊"谁先开枪打中国人就是汉奸!"等口号，王尚志恼羞成怒，当即命令其部下把张林等人打得满口流血。经逐一审讯后，顽军把张林等11名连以上干部和重点怀疑对象关押在一起，视为"要犯"，连夜提审，施以棍棒打、铁丝抽等酷刑，一直折磨了7个晚上。王尚志还请出他的侦察处长、张林的舅舅出面，以封官许愿进行劝降。张林不为所动，义正词严，当场拒绝，并公开声明不认这样的汉奸舅舅。敌人的阴谋遭到失败后，于当日黄昏枪杀了张林、陈大学等5人。

太河惨案的制造者逆历史潮流而动，激起抗日军民的群起声讨。4月上旬，山东八路军主力部队遵照中央指示精神，组织兵力对王尚志部进行有力反击，溃不成军的王尚志部狼狈逃跑。张经武、王建安等八路军山东纵队首长和杨国夫、廖容标等所率部队胜利会师，和当地群众在太河镇北面的淄河滩上召开了隆重的追悼大会，愤怒声讨秦启荣、王尚志的滔天罪行，沉痛悼念捐躯烈士，誓为他们报仇雪耻。

天道昭昭。1943年秋天，恶贯满盈的秦启荣在我军攻打安丘时被击毙；双手沾满八路军指战员鲜血的刽子手王尚志逃到平度一带投降日寇，成了彻头彻尾的汉奸，于1947年病死。

吕乙亭（1915—1939），原名东甲，字乙亭。山东广饶人。1931年，加入中国共产主义青年团。中学期间，任学生自治会会长，积极宣传革命。1935 年，加入中国共产党，并任中共广饶县临时工作委员会宣传委员。抗日战争爆发后，与其父吕致斋，组建鲁东八路军第九支队，任军事教练。后任临淄第三大队二中队长。1938 年，任八路军山东纵队第三支队十团三营营长，带领战士在清河地区展开平原游击战，打击日寇伪军。1939 年 3 月，在太河遭秦启荣部袭击。战斗中，不顾个人安危，指挥部队突围，不幸中弹身亡。

潘建军（1904—1939），原名潘世范，字建军。周村和家村人。15 岁在冯玉祥部警卫团当兵，因拳脚熟练深得冯玉祥赏识，后任少校团副。"九一八"事变后回乡。1932 年冬被聘为长山县民训团教练一年。1937 年 12 月被聘为长山县地方武装维持会中队长。1938 年 2 月，带领中队百余人参加抗日队伍，任山东人民抗日救国军第五军第一支队第二十九中队队长，后任八路军山东人民抗日游击第三支队特务团副团长、团长。并加入中国共产党。1939 年 3 月 30 日，途经太河镇时遭国民党秦启荣部伏击，身负重伤，被俘后当晚遭杀害。

9. 1941 年池上甘泉庙伏击战中八路军战士刘持任刺杀驻池上村日寇分队长的刺刀

文物名称： 1941 年池上甘泉庙伏击战中八路军战士刘持任刺杀驻池
上村日寇分队长的刺刀

收藏地点： 淄博市博物馆

淄博市博山池上坐落在淄河上游、鲁山北麓，抗日战争时期是鲁中通往鲁北、胶东、沂蒙抗日根据地的交通要道，也是鲁中地区的红色抗战堡垒。

1940 年秋，日军派兵"扫荡"占据池上，并在西池村东南角的河边安设据点，派重兵把守，沿淄河与源泉日军据点形成战线，对我八路军及当地抗战造成严重威胁。

1941 年春天，八路军山东纵队一旅首长廖容标、汪洋决定拔掉池上日军据点，经研究把任务由八路军山东纵队一旅二团副团长王凤麟负责组织指挥。

八路军山东纵队是抗日战争时期中国共产党领导的、山东土生土长的人民抗日军队。其前身是 1937 年卢沟桥事变后，中共山东省委按照中共中央的指示和北方局的号召，在山东组织的十多起抗日起义部队。这些部队于 1938 年 6 月统一番号、12 月组建为山东纵队。1939 年以后，山东纵队与进入山东的八路军主力部队——一五师并肩作战，共同开创了山东抗战的新局面。第一旅由原山纵第一支队第一、三营与第四支队第一、二营编成。旅长王建安（兼），政治委员汪洋、周赤萍，副旅长廖容标、胡奇才，参谋长钱钧，政治部主任周赤萍（兼）。下辖三个直属团，其中第二团，团长吴瑞林，政治委员李伯秋，副团长王凤麟、参谋长于松江、政治处主任孟英。

接受任务后，二团副团长王凤麟带领团营领导骨干认真研究敌情，决定利用当地复杂的地形，以鲁山为依托，引狼出洞，打一个伏击战。伏击地点定在博山五区池上西两公里处的甘泉庙公路附近。伏击战由熟悉当地情况、作战作风强悍、具有丰富战斗经验的二团三营及博山县五区区中队执行伏击任务。三营时任营长为刘培农，八连连长刘佐；战斗主力连为八连，另外从九连抽调一个排，与八连组成加强连，由刘佐任加强连长。

具体作战方案是：九连调来的战斗排埋伏在池上南山一线准备阻击源泉增援之敌；派出部分战士配合博山县五区区中队在甘泉至小峰口地段破坏敌人的电线和公路，引敌出动；区中队的王林楷等负责侦察敌情和保持部队之间的联络；王凤麟同三营营长刘培农、加强连连长刘佐则率领八连3个排直插甘泉庙，在山脚下公路两侧隐蔽伏击日伪军；在李家块至甘泉庙公路段布设百米长梅花形雷区，实行爆破与伏击相结合的复合战法。战斗指挥部设在甘泉庙。

战斗很快打响。

1941年3月13日，这天黄昏，王凤麟、刘培农、刘佐率领部队由驻地从西山而下到达甘泉村战斗区域。王团长一声令下，参战人员按照分工迅速进入阵地。负责警戒的战士进入哨位，爆破组战士立即抱着铁"西瓜"，拿着小铁锹，迅速潜入到距甘泉庙200米左右的河滩公路上，从李家块到甘泉村的方向拉开距离，在百米长的路面上，埋设梅花形的地雷、电发雷、手拉雷……埋好以后，先用树枝来回拉，又脱下衣服来回拖，直至一点蛛丝马迹也不露，才离开雷区。设伏组在山脚下挖好隐蔽坑、两侧高坡上埋伏好形成伏击阵地。这一切准备好已是早上4点钟。

刘佐连长仔细检查后提醒各排长及战士们："沉住气，听从指挥，敌人到了后狠狠地打！"

早春三月的凌晨，寒气逼人。战士们设伏累出的汗水变成了凉气，身上直打颤。但他们都一动不动地隐蔽在掩体内，只等敌人来吃铁"西瓜"。

3月14日9点左右，与甘泉庙遥遥相望的池上北山坡上，敌人出动了。指战员们个个屏住呼吸，各司其职做好最后战斗准备。敌人排成长长的一串出现在公路上，日军在中，伪军队前领后护卫，在身佩指挥刀的少佐指挥官率领下，气势汹汹地向甘泉村扑来。当前边的敌人经过李家块村头进入伏击圈雷区中心时，只见在甘泉庙指挥所的王凤麟猛然抬起了右手，又有力地压了下来，高喊一声"打"！随着第一颗地雷的引爆，全连以密集火力压制敌人。敌人仓皇中企图依托河沟进行抵抗，又遭到梅花地雷阵中各种地雷接连开花的杀伤。刹那间，砂石腾空，血肉横飞，昔日不可一世的日伪顽军鬼哭狼嚎！随即，战士们数十颗手榴弹飞向敌群，连连爆炸，机枪、步枪从上而下狂风骤雨般洒向敌人，霎时间打得敌人晕头转向，呼爹喊娘，血肉横飞，死伤大半。侥幸逃过一劫的敌人在甘泉村家北地段混成一团。此时刘培农营长、刘佐连长率领战士随着激昂的冲锋号声，跃出掩体发起冲击，端着刺刀以绝对优势，冲向敌人展开肉搏战。顿时，敌人又倒下了一片，少量生存者双手举枪，缴械投降。

战斗中，有两名八路军战士牺牲，献出了年轻的生命。根据周边战情，我参战部队按照部署，在胜利后迅速撤离战场。

这场战前科学设计部署，事先精心埋伏的战斗，不到十分钟以击毙日军30余名、消灭伪军多名，缴获日军机枪1挺、步枪20余支、掷弹筒两具，取得全面胜利，八连为此在第115师召开的连长会议上受到表彰。

在甘泉庙战斗中，由于八路军参战部队首长指挥机智、参战将士杀敌勇敢、军民协同优良，并科学运用了爆破新技术，以小的代价获得了巨大的胜利，扫清了威胁抗日根据地及抗战交通咽喉的顽敌，打击了日寇不可一世的淫威，振奋了抗日斗志，在取得辉煌胜利的同时，为八路军爆破技术的战时应用积累了经验、奠定了基础，为抗日战争的胜利作出了卓越的贡献。

甘泉庙战斗的辉煌胜利与王凤麟副团长有密切的关系。王凤麟早年在莫斯科东方大学学习到了世界一流的爆破技术。"七七事变"不久，他毅然从莫斯科回到延安，嗣后又于1938年8月随张经武等同志穿越敌伪数道封锁线来到山东抗日根据地，很快在山东纵队驻地沂水王庄附近的柳树头村办起了山东纵队第一个爆破训练班，各部队派顶尖的爆破手们参加。1942年，在甘泉庙、张高村、古城村等伏击战中，他指挥部队采用火力、爆破与果敢突击相结合的战法，沉重打击了敌人，使敌伪闻风丧胆。这年秋天，在莱芜吉山与敌的遭遇战中，他身受重伤，失掉了右腿。由于行动不便，他不想给部队增添麻烦，向组织请求来到了淄川南部山区的马鞍山养伤。不久，在惨烈的马鞍山战斗中，王凤麟壮烈牺牲。

王凤麟（1911—1942），原名李芳。黑龙江牡丹江市人。1931年参加抗日斗争，并加入中国共产主义青年团。1933年参加东北人民革命军第四军，任特务连连长。1935年底，赴莫斯科东方劳动大学工兵班学习革命理论和爆破技术。1937年抗日战争爆发后回国，转为中共党员。1938年底，调八路军山东纵队司令部工作。1939年初，他奉命举办爆破训练班，传授爆破知识，并带领学员自制黑色炸药，研究用石雷、踏雷、蹚雷杀伤敌人。1939年5月，调任该纵队第四支队三营营长。1942年11月，被日伪军围攻于马鞍山，时仅带有少数警卫人员与伤病员。临危不惧，顽强守卫，后胸部负伤，不甘为俘，举枪自戕，壮烈殉国。时年31岁。

10. 北海银行货币

文物名称：北海银行货币

收藏地点：淄博市博物馆

1938 年至 1939 年上半年，山东的抗日战争进入了一个新的时期。日军由于战线过长，兵力不足，其主力部队都集中在前线，后方则极为空虚，处于顾此失彼的局面。驻守山东清河一带的日军，龟缩在胶济铁路沿线的重要村镇和几个大城市里。因此小清河以南至胶济铁路以北的邹平、长山、桓台、益都、广饶、临淄、寿光等十几个县的抗日游击根据地得到了扩大和巩固。但是这一时期清河地区的经济斗争形势，同全省其他地区一样，异常复杂艰难。特别是胶济铁路沿线和被日伪军占领的城市、重要城镇，伪币猖行、土杂钞票泛滥，法币币值低落、物价腾涨，使清河地区民众深受其害。

中共清河地委根据当时的形势和上级指示，经与山东北海银行接洽，于 1940 年 6 月 1 日在寿光县抗日根据地成立了北海银行清河分行。因时逢国民党反共顽固派在全国发动了第一次反共高潮，日伪合流，相互勾结，扫荡、蚕食和封锁抗日根据地，必须选择一个党组织坚强、群众基础好、地处偏僻、隐蔽有利的地方，建立钞票印刷机构。中共益寿临广四边县委提议将印刷所设在临淄县第二区雪富乡许家庄。

1940 年 6 月，北海银行清河分行正式成立，行长由清河专员公署财政处王泽民同志兼任。建立四边县印钞机构的工作，由财政处审计员商质卿同志具体负责。1940 年 7 月，商质卿同志来到四边县委，由四边办事处委派寇兰生同志协助，与许家庄党支部周密研究后决定，由共产党员、行政村长许茂智同志负责，发动群众团体和爱国群众，利用旧地道为清河分行建立一处地下纸币印刷所，并对群众进行爱国保密教育，不准透露地下工程消息。

在施工期间，因材料不足，共产党员、自卫团长许绍先同志将自己的二层楼扒下一层，献上砖瓦材料。四边县办事处从敌占区搞来了水泥和其他紧缺材料，组织昼夜施工，至 10 月下旬，基建工程基本竣工。

基建工程结束后，将设在广饶县宋家区高村印钞厂的两台铅印机和四五个工作人员全部迁来。机器安装就绪后，人员增加到 11 人，印刷工作即正式开始。工作人员分成两个班，用两盏汽灯照明，轮流工作。工种有人工裁纸、刻字、印刷和封包等。印刷钞票之名称为"益寿临广流通辅币"，用 64 开道林纸双面印刷而成。票面金额为五角、二角、一角、五分 4 种，共印刷和发行 50 万元，连同清河分行成立前印刷的 10 万元，基本上用于党、政、军经费的支付。

在印刷流通辅币的同时，根据分行的指示，又积极筹备印刷一元面额的本位币。商质卿同志与广饶县二区印刷商人宗林祥交涉，花费 500 元钱，在济南"书公制版社"制作了 10 副一元面额的票板。印刷材料从济南搞到后，因数量多、体积大，容易暴露，只好打小包，托关系从济南运出，然后辗转长山、高苑、博兴、广饶等抗日根据地，躲过敌人的封锁、盘查，绕道数百里运到临淄县许家庄流通币印刷所。从1940年11月份到1941年4月份，共印刷票额1000万元左右。但因形势不断恶化，许家庄周围的石棺、西古城、店子、白兔丘等重要村镇，都有保安团派兵驻守，并经常四处活动，钞票外运工作受到严重威胁。为了保证运送钞票的安全，事先先派出精干得力的民兵，沿着计划好的运输线路探索，然后将需要运送的钞票伪装成日用商品运出。运送的方式，随着形势变化而灵活变更。例如在敌人活动猖狂时，为了防止印刷所被敌人察觉，有一次采取出假殡的方法，将钞票放在空棺里，抬出村外，埋在偏僻的坟墓里，然后由八路军办事处派人将钞票取走。由于在群众掩护下，运送方式又不断变化，所以运送工作做得天衣无缝，狡猾的敌人连做梦也想不到。

"四边县边区流通辅币"是北海银行清河分行发行的货币。它的基础是建立在清河区的民众身上，有政府保障，准备金充足，保证兑换，较之伪钞、土杂钞有天渊之别。因此，"四边县边区流通辅币"正式发行后，币值稳定，信用卓著，流通区域不断扩大。当时的清河地区，东至广饶。寿光、西至邹平、长山、南至益都、临淄，北至高苑、博兴、港台、利津等县的市场上，"四边县区流通辅币"的流通占绝对优势，被广大群众称呼为"咱们的票子"。由此也引起了敌人的仇视，他们用封锁、罚没，甚至用严刑、恐吓等手段，禁止民众使用。清河地委为了保护同敌人进行经济斗争的这一重要武器，广泛宣传，发动群众，给敌人迎头痛击，筑成了同伪币进行斗争的铜墙铁壁，使其继续广泛地流通于清河地区。

1941年春天，临淄县原独立营营长王砚田叛变投敌，又加日伪推行"强化治安"运动和对根据地盯"扫荡、蚕食"，临淄地区的形势越来越恶化。中共临淄县委转移到广饶县三区、博兴县四、五区一带坚持斗争。鉴于这种特殊情况，为确保印刷所的安全，清河区行政公署于1941年4

月1日，命令地下印刷所迅速转移，先后在博兴县牛家寨、广北县王家岗村落脚，1942年正月间又转移到广北县辛庄。后来由于伪村长告密，三里庄汉奸刘建基乘夜间率伪军数十人包围了印刷厂，工人职员14人全部被俘，机器被砸坏，票版被全部带走。敌人利用票版印刷了很多假票，曾一度使抗日政府的财政遭受重大损失。

北海银行地下印刷所作为革命斗争的历史见证，承载着深厚的精神内涵，记录着光辉的革命史迹，凝聚着爱国主义和民族精神。目前，临淄区在印刷所新建了北海银行纪念馆，并建成红色文化产品展厅，主要展出销售齐文化、北海银行红色文化产品及皇城镇特色手工艺、农副产品。如今的北海银行纪念馆已打造成集爱国教育、红色旅游、休闲娱乐、采风观光于一体的综合性旅游胜地。

11. 张浩传递情报的皮夹

文物名称：张浩传递情报的皮夹
收藏地点：淄博市博物馆

地下交通工作是革命斗争中重要的一部分，是流动的生命线，承担起传递党内外文件、信件、党报党刊和护送革命干部的光荣任务。淄博市博物馆收藏有不少当年地下交通工作者使用过的文物，其中这件皮夹记录着这一隐秘而伟大的事业中不为人知的一页。

1940年6月，张浩由于在前线战斗中受重伤不得已转到地方游击部队，后经上级领导推荐，调任"战时邮局"任站长，从此开始了战时邮局和地下交通站的工作。彼时，敌人在淄河流域等地增设据点、岗楼、密探，多层封锁、据点林立、设岗拦截，地下战斗环境恶劣。但为了确保清河、胶东、鲁中南三大抗日根据地的联系，张浩和同志们凭借着忠诚果敢、冒着枪林弹雨构建了张店、长山等地周边战时邮局、交通站、乡村联络点为一体的通讯联络网。这枚皮夹，便是张浩同志传递情报的"秘密武器"。一枚小小皮夹，再日常不过，但就是越不起眼越是安全，那时负责地下交通线的同志们懂得这个道理，巧妙周旋在敌我殊死的较量中。如今我们再看这枚皮夹，皮夹边角处多已磨损，可以想见张浩同志在不同战斗情形下或许化身成为一名教书匠、一位探亲者或是一位生意人……无论如何这枚皮夹跟着革命者的坚定的信念和步伐，一路跋山涉水，走过艰难险阻，将一封封情报安全传递出去。

淄博市博物馆内还有一张 1949 年中共周村市委员会、周村市政府颁发给张浩同志的奖状："张浩同志：为了响应党的号召，坚决执行党的政策，积极工作，在支援解放战争，后方民主建设中，曾建立三等功一次。尚望今后在解放全中国的各种工作中，继续高度发扬坚忍，纪律，坚定，不屈不挠的意志和革命的英雄主义，为党为人民立下更大的功劳。"奖状中间印有毛主席头像，四周铺设红色卷草纹饰的边饰，虽然已经过去半个多世纪却依然灿烂鲜艳。

张浩同志是千万个为人民解放事业奋不顾身的革命者之一，在这条地下交通线上还有更多的"无名"的战士。他们面对的是敌人的围追堵截和严防死守，想要完成任务，没有坚定的信念和果敢机敏的行动是万万不能的。在这样的严峻形势下，地下交通员要擅长伪装自己，利用一切有利条件作为掩护手段。其活动方式多种多样，如八仙过海、各显神通。

他们在敌人眼皮下，巧做生意掩护，传递情报。地下交通员张乃修，以挑油担为掩护，串四乡。每当沿途的交通员听到他"铛、铛、铛"三声铜牌声，便知其送情报来了。他以卖油为名，通过找钱的方式，传递夹在伪钞中的密件。这种通过买卖交换信件的方式，灵活巧妙，北线地下交通员经常采用。

交通员战士们善于乔装，通过探亲、祭祀等办法迷惑敌人。地下交通员张方伯为通过把守严格的铁路，请另一位交通员的母亲坐在小毛驴上，挎上包袱假装母子二人出门走亲戚，将密信藏在驴鞍夹层里，躲避检查，顺利通过铁路，将密信送达了目的地。还有一些老练的交通员在戒备森严、活动艰难时，假借上坟、祭祖，准备祭祀食盒、纸钱、香火等，并将密件夹在冥纸中，路遇伪军盘查时，就在附近坟头摆上祭品，假装祭祀。如果看风头不对，遇上敌伪军直接过来检查，无法躲避时便将香火焚烧，让其一无所获。

淄博地下交通员战士大多数都是中共党员，他们坚守地下交通员的原则——严守党的秘密，不得出卖组织、出卖同志。在这条九死一生的生命线上，不少同志付出了生命的代价。李家庄的于树檀同志曾三次遭难，前两次死里逃生，第三次由于汉奸告密被抓捕，被捕期间遭受严刑拷打，坐老虎凳、灌辣椒水……但仍咬定所有事情为一人所为，没有出卖任何一名同志，保全了交通站的所有人员和武器。其牺牲后，儿媳刘桂香继承他的任务，继续为交通线贡献自己的力量。还有桓台县新四区交通员邢本桐同志，在执行前往五区送信任务时，遇上叛徒马三子的清乡队，被吊在树上严刑拷打。

"只要你交代去哪里，给谁送信，就放过你！总比在这里受死强！"邢本桐一声不吭。

"姓邢的，识时务者为俊杰。只要你交代你的上下级，我不仅放过你，还让你做副队长怎么样？"邢本桐冷笑着，向敌人投去轻蔑地一瞥。

面对敌人的威逼利诱，邢本桐不仅没有吐露党组织的半点秘密，还历数马三子等人卖国投敌的种种罪行。恼羞成怒的敌人，用荆条和鞭子轮番抽打，打得他皮开肉绽，鲜血顺着身体滴落在雪地上，如同点点红梅，纵被寒风暴雪欺凌，也从未始低下本就该高傲的头颅。

一名战士倒下了，千万个战士又站起来了。在这条"隐秘"的战线上，是无数个前仆后继的"无名"身影，为了革命理想抛头颅、洒热血，铺就了一条掐不断、扯不烂的地下交通线，为抗日战争、解放战争的胜利作出了巨大的贡献。他们，胜利了不能宣扬，失败了无法解释。他们，隐秘而伟大。

12. 铁炉炉门

文物名称：铁炉炉门
收藏地点：淄博市博物馆

　　1925年，张店早期党组织地下交通员谭玉玺同志到洪山煤矿送情报所用。为了掩护身份，他晃晃悠悠地扛着铁炉子从淄川的洪山一步步走回了张店。这条路，他扛着炉子走了好几遍，也安全地将情报送到了同志们的手中。后来，他参加组织了抗日游击小组，开始真刀真枪地与敌人作战。但这段当"卧底"的日子他一直没有忘记。到了五十多年后的1979年，这位掩护他送情报的战友铁炉子也锈得只剩下了炉门。他亲自将这件长22.8厘米、宽19.5厘米的老伙计送到了淄博市博物馆，将这段卧底故事讲给后人听。

　　淄博矿区在百年前是胶济铁路沿线最大的矿区，在这里工作的煤矿工人数量庞大，煤炭开采最重要的井下活动，就是十分生动形象的"地下工作"。而这些"地下工作"中的地下斗争同样激烈。

作为胶济铁路沿线最大的矿区，淄博矿区毫无疑问也是山东省内的军事战略要地。日本侵略者把这里看做一块肥肉，也做了自以为万全的部署。1937年12月，淄博矿区被占领后，大批的日本军队、警察、宪兵还有特务等日本侵略者能想到的力量都被派了过来，建立了反动统治机构。广大矿工在矿区受到了法西斯的统治。

纵使敌人再狡猾，为了反抗日军在矿区的法西斯统治、支援根据地的抗日斗争，我们党组织也有计划、有重点地把钉子埋在敌人的心脏处——选派干部打入敌占区，建立地下网点和秘密交通线，开展了隐蔽的地下斗争。

1939年春，中共淄博特委职工部选派党员，在日军统治矿区的大本营——淄川炭矿所在地洪山镇东工厂村建立了中共洪山矿区地下特别党支部。中共洪山矿区地下特别党支部虽然很难直接去日军的统治机关"卧底"，但却可以通过它的外围组织"工作委员会"秘密向工人宣传教育，促进工人的阶级觉醒，提高群众抗日情绪及胜利信心，为后续的抗日活动做准备。

"工作委员会"还有一种斗争方式是征收煤税，也就是在矿区工会武装人员的保护和配合下，向各坑口包工柜头宣传抗日政策，并按抗日民主政府的政策法令按月征收煤税。这些钱收来做什么用呢？当然是秘密送往根据地，解决抗日根据地的经济困难问题。这既保障了抗日根据地的运行，又提高了党组织在矿区的影响力。

淄博矿区工会武装部的工人武装成立于1940年，他们个个都是身手不凡的"大侠"，经常神出鬼没地进入敌占区活动，严厉惩处那些罪恶累累的汉奸、包工头。例如鲁大公司淄川炭矿沈马庄三坑包工头亓汝滨等人，他们倚仗日军的势力为非作歹，残酷地压迫、剥削我们的工人同胞。工人们无不恨之入骨。

1940年4月的一天早晨，矿区工会武装部队员化装成下煤窑的工人，他们在工人的掩护下凭借高超的功夫处死了亓汝滨、活捉了工贼滕维信。

矿区工人们一致叫好、拍手称快。连山东省委机关报也以《在敌占区工人的铁掌》为题，赞扬说：

"这个锄奸案件促使职工运动长足的发展，不但在矿区内募捐到了大批的救国物资，并把组织工人武装的工作已深入到敌人占据矿区工人中。"

矿区工人武装力量不断壮大，最后升编成了八路军的主力部队，从地下武装变成了地上的主力。

1941 年 1 月，淄川矿区职工会特务队成立。梁振环同志亲自担任队长，翟干臣任副队长。特务队开始只有二三十人，后来影响不断扩大，逐渐发展到 100 多人。队员们大多都是土生土长的当地老乡，对矿区情况很熟悉。副队长翟干臣经常带领他们，扮成下窑的矿工，深入敌区活动。有时白天像铁道游击队一样扒日军的运煤火车，引诱伪军产销队追至野外消灭，缴获敌人的武器武装自己。夜间就以八路军武工队的公开身份在矿区活动，使地下斗争和公开的武装斗争有机地结合起来。

面对日军推行的"治安强化运动"——根据地反复"扫荡"和"蚕食"，我们的党组织并没有退缩。为了加强对淄博矿区的领导，1941 年 4 月 1 日，在中共鲁中区党委的指示下，泰山地委领导下的中共淄博矿区委员会在淄西根据地建立了。内线斗争就是淄博矿区党委的一大特色，加上外线斗争，同敌人开展各种形式的较量。

4 月底，张博铁道大队副大队长张文亭率队员 30 余人，经长途跋涉，在津浦铁路泰安以北地段袭击了敌人的"国际列车"。这趟"国际列车"其实是日本侵略者请来的"国际观光团"，目的就是用假新闻制造舆论，鼓吹他们的"亲善""共荣"。这当然不能让他们得逞！战士们袭击了列车之后，消灭了押车的日军，向车上的外国记者散发抗日传单，粉碎了日军欺骗世界人民的小把戏。

"各区党委及一定的地委，须抽出一定的职工会负责同志，参加城市工作委员会，并以一定的坚强干部参加各城市的工委或市委做城市职工工作。对淄博、枣庄、泰汶诸矿区及胶济、陇海、津浦各路，酌量建立党的职工工作委员会，以开展与加强职工工作。"

这是 1943 年 7 月中共山东分局发出的《关于加强敌占区职工运动的指示》，里面特别提到了淄博。根据这一指示，这年的 10 月份，鲁中区党委成立了中共淄博矿区工作委员会（简称"矿区工委"），许光明任书记。矿区工委之下设立办事处、敌工部和武工队。

煤炭的开采需要在井下使用炸药，矿区党组织就发动矿工利用这一便利条件，"偷"取炸药支援八路军。敌人提出了"勤俭增产""出煤运动日"的计划，矿区工委就发动矿工怠工、破坏机器设备、拖延巷道开采等，使敌人的计划变成了笑话。

矿区工委委员们分头插入各矿井、工厂，采取"职业化、群众化、战斗化"灵活多样的方式宣传发动群众，把 10 万矿工作为主要依靠力量，在矿区和附近农村共建起党的秘密联络点和工作关系 20 余处，一般工作关系 60 余人，发展党员 40 余人，使矿区党的地下工作有了较强的基础，为里应外合打击敌人、保卫抗日根据地起了重要作用。

谭玉玺（1905—1989）今山东省淄博市张店区马庄人。1923 年参加革命工作，1924 年加入中国共产党，曾任中共张店车站支部交通员。抗日战争时期，参与组织了黑铁山抗日武装起义部队山东人民抗日救国军第五军第二中队，任指导员。新中国成立后，谭玉玺一直在张店铁路工作，1989 年，因病去世。

13. 马立训照片

文物名称：马立训照片
收藏地点：淄博市博物馆

这张照片中的人物名叫马立训。抗日战争中，马立训依靠令敌人闻风丧胆的爆破技术，炸死日伪军 500 余人，是山东鼎鼎大名的"爆破大王"。2009 年 9 月 14 日，被评为 100 位为新中国成立做出突出贡献的英雄模范人物之一。

1920 年，马立训出生在山东淄川区一个贫苦的矿工家庭。马立训祖父和父亲长年在当时叫做"大荒地"的洪山煤矿做工。12 岁那年，祖父惨死在资本家的皮鞭下。不久，父亲又因坑下"冒顶"被压死在煤窑里。为了养家糊口，年幼的马立训到煤窑里做苦工。1940 年 4 月，他在小田庄参加八路军，编入八路军山东纵队第四支队三营十二连当战士，跟着营长王凤麟学习工兵爆破技术。在学习和战斗中坚定了共产主义革命理想，他勇毅地说："我要一直跟着王凤麟营长打鬼子！"他作战勇敢，迅速成长为一名优秀的八路军战士。

1940年10月，马立训随队到沂蒙山区作战。在进行反"扫荡"战斗时，他第一个报名参加小分队，随队先后攻克水塘岗、小红山、周家崮等险要据点。1941年春，他协助战友炸毁莱芜吴家洼据点，炸死汉奸30余人。

在攻打岳家庄日伪军据点战斗中，他和战友总结爆破经验，连续三次利用军毯扎成炸药包，用手榴弹引爆，炸开鹿砦、围墙、碉堡，炸掉据点。在战斗中，马立训提出用破布和麻袋片包紧炸药，再把手榴弹和炸药捆在一起，用木棍竖到敌人的碉堡下进行爆破。于是，大家抱着试一试的心态，就用了两条军毯，捆了四个炸药包。做好准备后，部队火力掩护，马立训双手抱着炸药包，机智勇敢地冲到鹿砦下，只听见一声巨响，鹿砦被爆破了，于是，战友又用剩下的三个炸药包冲向敌人的碉堡，一时间泥沙飞溅，弹坑密布。碉堡下堆起了敌人层层叠叠的尸体。

马立训也在实战中不断成长、学习、总结，他明白自己爆破任务的重要性，因此经常与人探讨研究，不断改进爆破技术，还独创了偷爆、飞爆、空爆、连环爆等爆破方式。他的爆破技术不仅有了质的飞跃，就连部队都刮起了一股学术风。

1943年春，马立训所在部队奉命开辟鲁南根据地。这时的鲁南情况复杂，不仅有日本人、伪军、国民党，还有大量的土匪，而且地势也极为复杂，部队经常行军不前。每到这个时候，马立训总是手提炸药包，冲在最前头，摧毁敌人的鹿砦和碉堡，保证部队的顺利突进，因此他又被战友称呼为"开路先锋"。只要有马立训在的地方，就没有过不去的路！

1943年11月，部队攻打鲁南柱子村，这是惯匪刘黑七（本名刘桂棠）的老窝，其主力部队就驻扎在此。经过刘黑七多年的苦心经营，这里早已是一个最坚固的堡垒。整个村子有两道围墙，均有一丈多高，三尺多厚，围墙四周筑有突起的炮楼，号称是"铜帮铁底"，土匪们自认为万无一失。

马立训开始偷袭爆破的时候就被炮楼的敌人发现。为了完成任务，他把帽子放在壕沟弦边上吸引敌人，自己匍匐前行迂回爆破，一声巨响如同晴天霹雳，一时敌人被炸上了天，哭嚎声鼎沸成了一片。

此战共歼敌1200余人，缴获大批武器和物资，刘黑七也被击毙。当时的老百姓听闻，无不拍手叫好，敲锣打鼓，鸣放鞭炮。而马立训因为功勋卓著，被提升为一连二排排长。

1944年5月，在鲁南天井汪围歼日伪军的战斗中，部队被一座10米高的四层碉堡的密集火力压制，他奋勇冲上去，炸毁碉堡，为部队进攻扫除了障碍。同年8月，马立训入选战斗英雄行列，出席山东军区英模大会。他在会上介绍爆破事迹，受到军区司令员罗荣桓、政治部主任肖华的接见，并被授予"特等战斗英雄""山东爆破大王"光荣称号。

1945年2月，在解放泗水城战斗中，他抱着30公斤重的炸药包炸毁守敌为对付"神炮"修筑的坚固大碉堡，为大部队攻克泗水城扫清了障碍。之后，他通过"空爆""偷爆""飞行爆""连环爆"等爆破技术，炸毁敌人据点。为此，临沂西部的国民党军司令王洪九曾命令各据点加固工事，并到处张贴通缉"神炮"的布告。3月，在攻打沙沟崖据点的战斗中，由于国民党顽固派军队构筑的炮楼在斜坡上，难以实施爆破，他运用反复试验的"空爆法"，用木棍绑扎三角架，逼近炮楼，将炸药包送至炮楼半腰，冒着守军机枪的扫射，紧紧撑住木架，直至即将爆炸的瞬间才转身隐蔽，一举炸毁了兄弟部队两天没有攻克的特殊工事，夺取了沙沟崖战斗的胜利。

1945年8月3日，攻打阎村的战斗打响，马立训带领爆破班冲锋在前，接连炸毁了阎村外围两道壕沟里的地堡。由于当时正值酷暑季节，雷雨不断，给我军突击带来极大不利，直到8月5日仍未攻克。当晚9点，马立训带领爆破组对东南角炮楼实行爆破，一举成功，炮楼被炸开一道缺口。他随即率领二排全体战士向刚刚炸开的缺口冲去，不幸被敌人的子弹射中胸部，倒在血泊之中。营里的几位负责同志得到马立训负伤的消息后，立即赶到现场。他脸色苍白，鲜血染红了上衣。他用激动而微弱的声音说道："碉堡炸开的缺口太小，不能冲锋！"话音刚落，就停止了呼吸。马立训牺牲的消息一传开，全团指战员失声痛哭。大家高呼"为马立训报仇"的口号，向敌阵发起总攻，阎村迅速攻克，全歼守敌1200余人，俘敌300余人，活捉了伪顽司令申宪武及其参谋长马光汉，缴获轻重机枪16挺。阎村一战后，八路军随即迅速解放鲁南。

抗战胜利后，鲁南军区命名马立训所在的二排为"马立训排"，阎村为"立训村"。马立训所在的一连到全国解放时，先后涌现出108名战斗英雄，被誉为"人民英雄连"。60多年来，这个连队和"马立训排"，一直保卫着祖国的东南沿海。

14. 1942 年做手榴弹用的木范

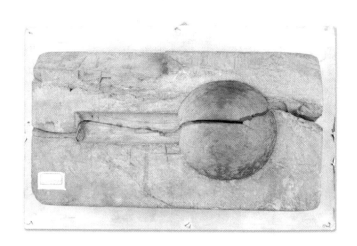

文物名称：1942 年做手榴弹用的木范
收藏地点：淄博市博物馆

在抗战进入最困难的时期，淄博党组织根据上级的方针指示，组织领导广大抗日军民积极开展反"扫荡"、反"蚕食"和反"封锁"，同日伪顽军进行不屈不挠的斗争。

从 1941 年 3 月到 1942 年 10 月，日军对淄博地区先后推行了 5 次凶残的"治安强化运动"。日军华北方面军为消灭中共山东分局、八路军第一一五师、山东纵队等领导机关和主力部队，摧毁鲁中沂蒙山区抗日根据地，于 1941 年 9 月中至 10 月上旬，对沂蒙山区周围的泰山区和鲁南的临沂、郯城地区进行"扫荡"。9 月 18 日，"扫荡"的日伪军 1000 余人，分头从王村、章丘、普集、博山、莱芜方向包围淄川县委、县府驻地峪口村。

在阻击敌人的战斗中，淄川县大队副政委许光汉等 30 多名干部、战士英勇牺牲。"扫荡"日伪军占领五股泉村后，对附近多个村子进行了 7

昼夜的烧杀掳掠，致使淄西根据地只剩下十几个村庄，形成所谓"一沟之宽，十里之长"的狭小地带。

1942年秋天，日伪1.2万人对沂蒙山区进行"铁壁合围"式大"扫荡"。1941年11月，高苑、青城、田镇等据点的日伪军，对高苑抗日根据地实施第一次"扫荡"，重点合围中共清西地委、专署和高苑县机关。1943年1月，日军集结数千人窜向清西地区，与张店之敌合击八路军清西独立团。清西独立团分兵突围。清河军分区参谋长韩子衡及其所率一部在高苑县大王家村被敌人合围。除25人突围外，韩子衡等全部壮烈牺牲。

哪里有压迫，哪里就有反抗。在反"扫荡"期间，高苑县丁家村的陈宝风爆破队机动灵活地开展游击战、地雷战，仅仅2个月时间，就在公路、村边等处埋设地雷90多个，爆炸成功60多个，杀伤大批敌人。他们发明的"铗子雷"，炸死了敌人的"起雷专家"，有力配合了主力部队的反"扫荡"斗争，保卫了抗日根据地。

面对严峻的斗争形势，中共淄博地方组织认真贯彻中共中央山东分局的方针政策，带领广大军民在极其艰苦的环境中，开展了一系列英勇顽强的反"蚕食"、反"封锁"斗争。

淄博地区的军民广泛采取"翻边战术"，利用武工队插入敌占区，有效地打击了敌人。1941年8月，淄川县大队运用"敌进我进"的"翻边战术"，先后拔除了敌人封锁山区抗日根据地的12个据点，并在这些地方建立了抗日组织，坚持了淄西抗日根据地的斗争。

在淄博矿区，职工会抗日武装里应外合，将4个敌炮楼、32名敌人解除了武装。胶济大队又与矿区职工会特务队配合攻打佛村据点，将敌人5个碉堡炸掉3个。在淄川、博山山区，山东纵队第一旅和地方武装相互配合积极打击敌人。1941年3月，八路军山东纵队一旅二团副团长王凤麟率三营及博山县五区中队，在博山县五区甘泉公路附近，布设约百米长梅花形雷区，歼灭日军30多人，击毙伪军大部。4月，博山独立营三连80余名战士，分为爆破、捕敌、警戒3个组，夜袭博山神头发电厂，给敌人以沉重打击。

同年夏，博山独立营袭击西河煤矿悦升公司日伪军，缴获大量军用物资。在临淄、长桓地区，青州、辛店、临淄城等地的日伪军 700 余人，分 4 路向驻郑家辛庄的八路军山东纵队第三旅一部合击。第三旅奋起还击，经 4 小时战斗，严重挫伤日伪军。8 月 5 日，八路军山东纵队第三旅第七团一营在临淄县大队配合下，攻克岳家庄日伪据点。12 月 31 日，长桓军政工作团和长山独立营配合，突袭南石桥伪据点，一举将叛徒 30 余人全部歼灭。

1941 年 12 月，高苑县第二、三、四区的 121 个村，经敌人"扫荡" 10 多次。在这样严酷的形势下，高苑县委领导群众坚持斗争，动员群众四处投靠亲友，实行"坚壁清野"，人走村空。之后又领导党员带头返回村庄，建立"两面政权"来应付日伪军，坚持了根据地边沿的斗争。

如今，当我们再次回溯那段用鲜血凝结、顽强不屈的艰难岁月，那些前赴后继的抗战英雄们慷慨赴国难，在艰辛曲折的抗战道路上留下了光辉的印记，也把坚韧写在了共纾国难的伟大实践中。

15. 1946 年陈延浩使用的军用马背袋

文物名称：1946 年陈延浩使用的军用马背袋

收藏地点：淄博市博物馆

马背袋，又叫马捎袋、马鞍袋。是从我国古代的褡裢演变而来的。它的使用方式是往马背上一搭，两侧露出的口袋用于存放物品。其制作成本较低，使用方便，在古代生活中比较常见。淄博市博物馆收藏的这件军绿色的马背袋正体现了它的军用性质。此文物是 1946 年 9 月，山东军区侦察队长陈延浩在参加解放张店、周村地区战斗时使用的用具。陈延浩同志骑着马，把侦查来的地理地形、敌人火力分布等情报连同其他的伪装掩护物放在马背袋中，为解放张店和周村做出了重要的贡献。张店、周村的解放，也就是所言的周张战役，在人民解放军的历史上可谓意义非凡。

1945 年抗日战争胜利，中国人民在赶走外来侵略者后离幸福的生活越来越近了。淄博军民在党中央和山东分局领导下，为争取和平、民主做出了一系列努力。毕竟我们远离炮火的日子来之不易，胜利的果实当然要全力去捍卫。

然而到了 1946 年的 5 月下旬，山东解放区周围的形势却骤然紧张起来。驻扎在济南、青岛、潍县等地的国民党军队，也就是 8 个军（整编师）、21 个旅，约 20 万人的力量。他们开始蠢蠢欲动，不断向解放军挑衅。

忍无可忍，无需再忍。面对一触即发的全面内战，也为了争取战略主动，保卫解放区，6 月初，山东军区在胶济、津浦铁路沿线发起"讨逆自卫战役"。这场战役在淄博涉及的地方主要是周村和张店，于是鲁中军区与渤海军区相互配合，与敌人展开了第一场拉锯战——周张战役。

如今的张店是淄博的市中心，繁华又安定。但在当时却完全不同，那个时候的张店被周围各县逃窜来的伪军、汉奸、土匪等十余股土顽部队占领，总计近 6000 人，分别盘踞在张店街里和周边的洪沟、贾庄、南定、良乡、崔军、夏家庄、白家庄、刘家庄、昌城、沣水等十几个村镇。

解放张店刻不容缓。主攻任务就交给了是鲁中军区的主力第四师。该师由师长廖容标、政委王一平等指挥，所辖 3 个团（第十团、十一团、十二团）和 2 个独立营。配合作战的是渤海军区的胶济大队以及长（山）桓（台）县大队等地方武装，总兵力约 7000 人，要优于敌人。

6 月 5 日，第四师师部在驻地辛店召开了全师营以上干部大会，传达了战斗部署：第十团由廖容标、王一平亲自率领、从张店东面进攻；第十一团及胶济大队等部由周长胜率领，攻打张店西北角；第十二团由师参谋主任宋炜率领，攻打张店南门和火车站。万事俱备，只等上级的一声令下。

6 日，终于等来了山东军区司令部的作战命令。在经过周密部署后，7 日晚 6 时，解放军向盘踞在张店的敌人发起猛烈进攻。配合第四师作战的鲁中军区第九师（师长钱钧、政委李耀文）一部和渤海警备第七旅

（旅长赵寄舟、政委李曼村）一部，首先肃清了张店以南的洪沟、贾庄、南定、崔军、轻金属工厂、白家庄、昌城、良乡等10处据点的敌人。晚8时许，第四师各部从3个方向同时向张店发起总攻。9时许，第十二团首先攻下张店火车站和南门。晚10时许，第十一团冲进张店，占领了西北角一带。经过一夜激战，到8日拂晓，除退缩在张店东南角楼房内部分残敌外，张店大部分地区已被解放军占领。

与此同时，盘踞在周村的敌人，也被鲁中军区的第九师和渤海军区警备第七旅第十五团包围。

7日夜间，解放军发起攻击，经一夜激战，外围的敌人闻风丧胆，很快就被我军消灭了。但周村的城墙防守坚固，解放军并没有攻入城内。

8日黄昏，在经过重新部署后，解放军再次发起了进攻。这次在火力掩护下，周村外壕和土城墙上都炸开了缺口。守敌面对英勇攻入的解放军毫无招架之力，不久就向西北狼狈逃窜，企图从章丘北边的张家林地区沿小清河逃往济南。

9日，前来支援的第十三团当机立断，直插章丘的张家林截击这股势力，经过半天的激战后，1200余人的敌军就被消灭了。

到10日，周张战役仅用了四天就胜利结束，胶济线龙山至青州段全告解放。数据表明，这场战役中解放军共毙伤残留的日军53人、俘3人，毙伤国民党军1970人、俘5221人，缴获轻重机枪200余挺，山炮2门，步枪5000余支，炸药3000斤。这场战役不仅拔除了敌军在胶济线上进犯解放区的据点，而且部队装备得到改善、兵员得到补充，提高了部队战斗力，极大地鼓舞了广大指战员的斗志。

淄博全境首次获得解放，淄博人民重见天日，数百万获得解放的人民群众开始恢复生产、重建家园，极大地调动了解放区军民的拥军、参军、支前热情，为解放山东作出了伟大的贡献。

16. 铁质大刀

文物名称：铁质大刀

收藏地点：淄博市博物馆

　　1979年8月，张店马尚文化站的工作人员张忠信征集到一把祖传的宝刀。这把宝刀有80公分长，虽然通体有些锈迹，但质地十分坚硬。造型上也很干脆利索，除了刀柄下有椭圆环，刀格（也就是刀柄和刀身相接的地方，作用是护手）两端有小圆环外，再也没有其他的装饰了。即便满身岁月的沧桑，当年威风却是难以掩盖。这是当时马尚公社九级大队的王树华捐献的传家之宝。当年，"铁板会"的成员王树华的爷爷曾用这把宝刀痛击过日寇。后来，王树华从爷爷手中接过了这把宝刀，也延续了王家保卫家乡的夙愿。在解放张店城的时候，王树华与本村的支前民兵一起用框抬着干粮慰问前线的战士。夜晚则用这把宝刀与民兵一起保卫乡亲的安全。

　　如今，仗已经打完了，宝刀也不再有上场杀敌的机会。王树华没有再把它继续传给自己的孩子们，而是把它交给了博物馆，想把它的故事讲给更多的孩子们听，也想把爱国爱家的宏愿传递给更多的人。

这把宝刀就与解放山东的第一仗有关。

周张战役之后，淄博人民在党组织的领导下开始建设自己的家园，一切都在往好的方向发展。但是没过多久，在蒋介石的策划下，驻扎在济南、昌潍、青岛的五个国民党军约十万兵力，向胶济沿线的解放区大举进攻，叫嚣"半月内打通胶济铁路"。在分析了整个作战形势和敌我力量之后，我们化被动为主动，党政机关和部队主动撤出了淄博，保存了有生力量，为接下来的斗争蓄力。

到了1948年初，整个山东战场上的形势发生了重要的变化。国民党军在人民解放军的沉重打击下，已从"重点进攻""全面防御"被迫转入"点线防御"——他们招架不住只是时间问题。根据中共中央的指示，华野兵团要在1948年度的作战中，扫清胶济路周村、张店、潍县之敌，然后再扫津浦路济南、徐州段，最后内外线兵团会师攻取济南，解放全山东。如此一来，解放淄博当仁不让成为解放山东的第一仗。

1948年1月31日，华东野战军东线兵团奉中央军委的命令，改称华东野战军山东兵团，许世友任司令员，华野副政委谭震林兼任政委，辖第七、第九、第十三纵队，并指挥渤海纵队、鲁中纵队等部。新改编的山东兵团，第一枪就打在周村——这就是胶济路西段战役。

解放军的对手是国民党整编第32师，师长是周庆祥，辖第141旅、新36旅及交警第一总队、淄博警备旅、保安团队等，兵力达4万余人。

这是整个解放山东计划中的第一仗，山东兵团对此非常重视。战役部署如下：以第九纵队攻取周村；第七纵队插入周村、张店之间，阻击张店、淄川之敌西援，并寻机歼灭张店之敌；渤海纵队夺取邹平，并扫清明水至龙山一带敌人；鲁中部队进逼并相机攻占淄川、博山；第十三纵队位于胶县、高密附近，准备阻击青岛可能西援之敌。

为了给攻城的部队带来更多情报，长山四区区长、武工队队长常子荣在战斗打响前带领队员们做了大量的侦察工作。他们时而化妆成农民，时而伪装成国民党特务，在一次次遇险又脱险后，终于把周村周围的沟、壕、墓田、坟头，敌人的炮楼位置，一一侦察好画了图。

1948 年 3 月，山东兵团参战各部经过 7 天急行军，各纵队按预定时间到达广饶集结位置，分散隐蔽。在山东兵团西进同时，鲁中、渤海两军区部队也分别向淄川、博山、邹平、长山地区运动，以配合第九纵队、第七纵队攻取周村、张店。

山东兵团在完成战役部署后，各部队迅速开赴作战前沿，展开进攻。受暴雨阻碍，各部队接敌时间先后不一。第七纵队于 3 月 11 日首先包围张店，守敌弃城而逃，被第七纵队堵截全歼，毙伤敌 500 余名，俘敌 2500 余名，张店首先获得解放。

此时，敌整编第 32 师师长周庆祥对我军意图猛然觉悟，一边急电济南向王耀武求援，一边仓促收缩兵力向周村集中，周村守敌由 3000 人猛增至 15000 余人。

山东兵团指挥部与第九纵队之间通讯联络一度中断，第九纵队司令员聂凤智正确理解和坚决贯彻兵团的作战意图，果断命令所属各部，连夜冒雨向周村疾进。

3 月 12 日凌晨 4 时 30 分，第九纵队向周村之敌发起攻击。敌整编第 32 师师长周庆祥匆忙召集各旅、团长开会，研究周村防务，但为时已晚。第九纵队攻城部队，先以炸药包进行城墙爆破，迅速突破了周村城防的第一道防线，攻入周村城内。18 时，攻城部队 3 个师胜利会合，周村大部被我军占领。19 时，第九纵队命令，除留下部分部队打扫战场和警戒外，全部撤出周村。战至 23 时，守敌全部被歼。

由于准备充分，加上战士们作战英勇，仅用了 18 个半小时的时间，周村就获得了解放。敌整编第 32 师师部、第 141 旅、新第 36 旅一部等共 15000 余人，除师长周庆祥受伤化装潜逃外，全部被歼灭。其中生俘敌少将军官 2 名，校级军官 114 名。张店、周村解放，胶济路西段守敌开始全线动摇。军政首长也没有忘记侦察队员们的牺牲，特致书长山县委建议给周村武工队记功，华野九纵司令部赠奖旗一面，上书"劳苦功高"四个大字。

周村的战斗结束后，山东兵团决定在鲁中部队配合下，由第七纵队攻歼淄川之敌，渤海纵队及第九纵队 26 师阻击济南东援之敌。

这淄川可是出了名的易守难攻，单拿城墙来说，淄川城的城墙高而坚固，丝毫不比山体逊色。明清几次修城墙的时候就很注意它的防守作用，修筑用的根基全部都是从上拉回来的完整的大石头块。"钢打的潍县，铁打的淄川"之说法名不虚传。

而且，淄川的守敌也不少，有新第 36 旅 106 团、淄博警备旅、交警第一总队等，还有些地方保安团队。

敌军看似占据了"天时地利"，但第七纵队没有退缩，他们根据山东兵团的作战部署，决定以第 20 师、第 21 师分别担任淄川城北及城东的主攻任务；第 19 师以一部相机攻占淄川西关，其主力担任歼击博山、王村方面可能增援之敌。13 日，第七纵队完成对淄川城的包围。

第七纵队包围淄城后，首要任务是选择好攻城方法和突破口。经过侦察，一共选定了 10 个突破口，分别部署了攻城任务。但是再反复观察分析后，决定先炸掉东城门为部队打开通路。因为东城门附近的东关一带民房密集，便于部队隐蔽做前期工作。

虽然主攻方向确定了，但如何攻城呢？"铁打的淄川"可不是吹的，架设人梯强行登城是行不通的，这样伤亡太大。战士们灵机一动，想了个好办法，他们从东关一陈姓农民家，经护城河下面挖地道至城墙脚下然后填上炸药爆炸，出其不意地攻入城内消灭敌人。挖地道并不是难事，许多来自淄博煤矿的战士对挖坑道很有经验。

为了解放自己的家乡，战士们争分夺秒加紧挖掘地道。但是城楼上的敌人站在高处，已发现我们的意图，他们又增加了 1 个连的兵力守城，并且将炮群集中在东城内，目标瞄准东城门一带，以防我军突破，也一直集中火力封锁坑道口，这样挖地道就变得很难了。

俗话说得好，众人拾柴火焰高。团长张明三立即召开"诸葛亮会议"，请大家一块商量解决办法：地下黏土不好挖，战士们就磨利镐尖，截短镐把，一点一点地啃，再借来挖煤用的风枪，一部分一部分掘下来。

同时，我军用更猛烈的炮火，压制住敌人掩护施工。当我们进入攻城阵地的第七个早晨到来时，地道终于挖到了城墙底部。

眼看就要大功告成，战士们却又碰到了更艰巨的任务——如何撬下城墙底部的基石。如果不动这些基石，炸药就没有地方安放，爆破效果就大打折扣。面对这些每块重达几百斤的基石，大家用铁撬插入石头间的缝隙，集中人力一齐上阵，花了两个小时终于撬出来一块石头。撬出来一块就好办了，但是把这些撬出来的大石块和大量泥土运到坑道外又成了个大难题。时间一分一秒在流逝，从济南赶来援敌的部队也快到淄川了。战士们急中生智，从附近煤矿借来铁轨和翻斗车，石块和泥土就这样被源源不断运了出来。

同一时间里，团指挥所又是另一番情景。桌上面摆着一幅临时草拟的简易城墙图纸，作战股的同志，有的在聚精会神地计算城墙的高、宽、厚；有的在计算炸开20米宽、20米厚的突破口所需要的炸药量；有的在反复检查着炸药及导火线的性能。大家都共同担着一份心：如此大型的爆破，过去从未干过，若一次不能成功，就会影响攻城的全局。为了确保炸城楼的一次性成功，团指挥所决定将炸药加放一倍。作战股的参谋带领作业队的战士，将准备好的100多箱炸药沿地洞运入城墙脚下，将炸药装入棺材，再用铁丝捆住，安放好雷管，将六条引线接好电源，通向团指挥所，然后回土、填方、砸实。

3月19日下午4时30分，攻城战斗终于打响了。随着一声沉闷的巨响，一团巨大的烟柱滚滚上升，东门爆破成功了，敌人苦心经营多年的坚固城堡，被炸开一个大缺口。攻城部队从缺口攻入城内，占领城墙两侧，继而向纵深发展，与敌人展开巷战。

与此同时，第七纵队第20师由东北攻击，第19师第56团攻击西门及西北角，第21师第62团攻击南门，均受阻而未攻入城内。据此，纵队立即调整部署。19日晚12时开始调动，20日3时调整完毕，向城内发起攻击。第21师攻击部队沿中街向西及西南攻击前进；第20师向北攻击前进。20日上午，我军控制了城东、城北城南大部，歼敌千余。敌军被迫向城西南、西北收缩，企图突围。战至晚9时，敌军大部被歼，敌警备旅长吕祥云率残部千余人退到文化巷警备司令部顽抗。第七纵队立即调整部署，集中精干力量，展开文化巷激战。21日晨，文化巷守敌被歼，吕祥云被生俘。

战斗于21日4时结束，全歼守敌12000余人，其中毙伤2200余人，生俘9800余人，缴获大批武器、弹药和其他军用物资，淄川宣告解放。

胶济路西段战役，从1948年3月11日发起至22日结束，历时12天。攻克和收复重要城市周村、张店、淄川、博山、桓台、长山、邹平、章丘、齐东、莱芜、临淄等11处，完全控制益都以西，龙山以东胶济线200余里，总计歼敌3.8万余人，缴获的武器弹药足以装备1个纵队。

这一战役的胜利，揭开了解放军在山东战场春季攻势的序幕。一方面粉碎了国民党军在胶济线上的防御体系，分割孤立了潍县和济南之敌，锻炼了部队的攻坚作战能力，为扫清胶济路之敌打开了局面；另一方面，淄博全境的解放，使渤海区和鲁中区连成一片，数百万人民获得解放，开始恢复生产、重建家园，极大地调动了解放区军民的拥军、参军、支前热情，为解放全山东、解放全中国做出了伟大贡献。

17. 解放战争时期陈毅使用的木床

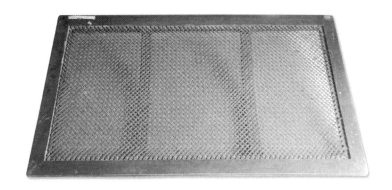

文物名称：解放战争时期陈毅使用的木床

收藏地点：沂源县革命烈士陵园

这是现藏于沂源县革命烈士陵园的一张木床，通长230厘米，通宽130厘米，重40.8千克。整床为木板、卯榫结构，床算由十字交叉的棕子编织而成，两弓形木桥固定在床板底部。这张在乡下十分普通的木床，正是陈毅元帅在山东下榻过的行军床。

解放战争的时候，陈毅元帅最早被组织派到山东工作。两年的战斗生活，在鲁南、莱芜、孟良崮、沙土集等地都留下了他的美名。这当中，华野整军的故事在解放军历史上举足轻重。

1947年2月，莱芜战役取得胜利后，华东野战军一鼓作气乘胜扩大战果，先后收复了新泰、莱芜、博山、淄川、邹平、益都、周村、张店、临淄等重要城镇。这是淄博全境获得的第二次解放，极大地鼓舞了解放区军民战胜敌人的信心。

与此同时，国民党方面经过8个月的全面进攻后劲明显不够，就像长跑跑了一半跑不动了一样，他们的问题不是体力不足，而是兵力不足。

毕竟国民党的所作所为老百姓都看在眼里，丢掉民心之后谁还会愿意为他们卖命呢？这样，蒋介石不得不换一种方法坚持下去，那就是放弃全面进攻，实施两翼出击、重点进攻的策略。重点进攻找了哪个地方呢？一个是革命的中心陕北，那是党中央所在地方；另一个就是我们所在的山东解放区了，因为敌人想把华东野战军围在胶东的狭窄地区加以消灭，以解除对其心脏地区南京、上海的威胁。

华东局和华东野战军积极应对，按照中共中央关于"彻底休整一个月，尔后再战"的计划，于3月至4月，在淄川的大荒地进行了为期一个月的整训。

大荒地就是淄川洪山以前的名字，相传很久以前有个淄川人在外做官（一说是在云南），荣归故里后找了个地方请来戏班子给父老乡亲们演节目。热闹的场景持续了好久，大家也把良田践踏成荒地，久而久之就有了"大荒地"的名称。直到日本人占领淄博的时候，当地老人仍喊这里叫"大荒地"。

由于华野队伍中南方同志居多，在口音的感染下，大荒地被叫成了"大矿地"。不少史料和著作中沿用了这个美丽的错误，把华野整军的地方写成了"大矿地"。

在华东野战军30万大军到达淄川之前，淄川人民为了保障后勤供应，也是做足了准备。目标就是每天供给部队小米60万斤，开好第一顿饭。当时的中共淄川县委书记陈明达和县长薛玉在接到上级通知后，立即召开县委扩大会议。在这场连夜召开的重要会议上，陈明达对从各乡各村赶来的干部动情地说道：

"莱芜战役胜利了，我们淄川也解放了。华野到淄川休整，是对我们淄川人民的鼓舞和支持。我们要全力以赴，发动群众，保证部队的粮秣供应。"

"部队驻到哪里，就在哪里借粮吃饭。不要等部队找我们，我们要主动找部队联系，把粮秣送到基层连队，请连长或指导员打个条子。以后，粮站有了粮食，凭条兑换现粮。"

天刚放亮，华野大军到达了蒲家庄。陈明达和薛玉便骑马赶到蒲家庄向华东局领导汇报粮食安排情况。华东局的领导对他们的准备非常满意。

之后，陈毅接见了陈明达、薛玉。刚一见到两人，陈毅元帅便开门见山地说到了部队的难处：

"部队打了几个胜仗，这你们都知道了。但是，由于对战士教育不够，有的纪律松弛了，有的滋长了骄傲情绪。部队有了骄傲情绪，若不很好地整顿一下，再打仗，就很难取得胜利。随着整军而来的，就是部队的吃饭问题。我当军长，带兵打仗，战士们都听我的。若是战士们吃不上饭，我这个军长就难当了。"①

陈毅也意识到淄川的不容易：

"我们的战士在火线上，三天吃不上饭，没有一点意见，照样忘我战斗。若是休整期间吃不上饭，那可就有意见了。今天来到淄川，就靠你们管饭了。当然，这里刚解放，你们还没安下家，一下子供应 30 万人吃饭，是个大难题，解决起来很不容易啊!"②

但他还是转向薛玉说道：

"你这县长，能不能保证战士们吃上饭啊?"

"能!"

薛玉一点都不含糊，满怀信心地回答得很干脆：

"我们已经开会布置下去了，发动群众，扫囤借粮，部队就地取粮开伙。"

陈毅听了很满意，连连点头道：

"好! 好! 发动群众好! 就地借粮好! 请你们向群众讲清楚，就说这粮食是我陈毅借的。十天以后部队给养运到，你们再负责归还群众。"

陈明达也实事求是的说：

①②中共淄川区委办公室. 中共淄川区委党史工作办公室编《红色矿区》，中共党史出版社，2016 年，第 389 页。

泰山積雪江水
堅冰衝破黑裴奮
迅行軍殺敵氣
壯萬眾同心擒
娥擒王共祝
新春

陈毅元帅在淄博（油画）

"由于时间紧迫，部队的第一顿饭，可能吃得晚点。"

陈毅连忙说道：

"没关系，没关系，你们已经尽了最大努力，即使吃饭晚一点，战士们也会谅解的。"

说完，他高兴地站起来，张开两手，大声笑着：

"好啊！只要战士吃上饭，我们这个仗就好打了！"

与此同时，送粮的群众络绎不绝往部队驻地赶。有的挑，有的抬，有的赶着小毛驴，有的推着独轮车，还有的用麻绳把裤腿捆住，当作口袋背着送粮。蒲家庄当地的村民还送柴草、送炊具供部队使用，使部队就地取粮开伙做饭。

经过全县人民的共同努力，部队在 10 点左右吃上了第一顿饭，以后几天的粮秣供应问题也得到了解决。

3 月 8 日至 12 日，华东野战军如期在淄川大荒地召开由师以上干部参加的前委扩大会议。开会的小楼现在就在淄矿集团的机关大院里。部队里的举足轻重的人物都过来开会了：

主持会议的是华野副政委谭震林，华东军区司令员兼前委书记、华野司令员兼政委陈毅在会上传达了中共中央关于《迎接中国革命的新高潮》的指示；中共华东局书记兼华东军区政委饶漱石作《迎接大革命高潮》的报告；华野副司令员粟裕作《莱芜战役初步总结》的报告。

根据会议要求，大家开展了整军和练兵运动，从不同角度总结了内战爆发 8 个月来的作战经验和教训，具有重要的历史意义。

经过整军，华东野战军指战员进一步增强了全局观念和必胜信心，在思想上、组织上达到了高度统一，提高了指战员军事素质和部队战斗力。之后，在 5 月取得了孟良崮战役的胜利，沉重打击了国民党军对山东解放区的重点进攻。

为了纪念这一重要的历史事件，1996 年 7 月，华野整军纪念碑在淄博市淄川区洪山镇蒲家村落成，原华野政治部主任舒同亲自题写"华野整军纪念"的碑名。现在去蒲松龄故居游玩的时候，依然可以看到这座

6米高的纪念碑。碑中镶嵌一块长5米、宽2.5米的陈毅元帅与淄川人民亲切握手的浮雕，生动再现了老帅当年在淄博的场景。

附录：

华野整军纪念碑碑文

一九四七年二月下旬，陈毅、粟裕指挥的华东野战军，获莱芜战役重大胜利后，集结于淄博、临朐一带作短期休整，司令部即驻淄川县蒲家庄。为支援大军休整，中共淄川县委县府星夜发动群众，清仓扫屯，筹集六百万斤小米以供给养。部队休整期间，华野前委于三月八日至十二日在大荒地（洪山）召开扩大会议，传达中央指示，总结作战经验，动员指战员搞好思想建设，加强军事训练，以迎接中国革命新高潮。经近月休整，全军将士斗志锐增，于四月下旬至五月中旬连续夺得泰蒙、孟良崮战役之全胜，粉碎国民党军队对山东的重点进攻。尔后，大军挥师南进，转入反攻，配合刘邓大军挺进中原，在全国解放战争中屡立赫赫战功。转瞬四十九年过去，华野淄川整军对部队建设的历史贡献及其在人民解放事业中的不朽功勋和光荣革命传统，定在我区世代相传，并永远激励后人为祖国的统一与富强而不懈奋斗。

中共淄博市淄川区委员会
淄博市淄川区人民政府
一九九六年八月一日立

18. 解放战争支前鞋底

文物名称：解放战争支前鞋底
收藏地点：淄博历史展览馆

这是两副手工做的支前鞋底，"支前"就是以物力、人力支持援助作战前方的意思。鞋底最直观的特点就是厚重。一针一线手工制作的鞋底，缝得厚重了不可避免地会增加成本。为了支援前线打仗，老百姓把送给解放军的鞋底做得厚重，为的就是解放军战士可以穿得舒适、穿得耐用。小小的细节体现了深深的关怀，也体现了浓浓的爱意。

老百姓和人民解放军鱼水情深，在淄博获得解放后，淄博的父老并没有忘记帮助过他们的子弟兵，砸锅卖铁也要支持全国的解放事业。

最直接的方式就是加入解放军队伍，拿起枪投入解放全国的战场上。妻送郎、父送子、兄弟争参军……这些画面在当时的淄博大地上每天都在上演。沂源县曾有 10 天动员 2000 人参军的记录被《大众日报》报道。中共淄博特委、专署及地方各级党组织、政府采取一系列措施，帮助广大入伍青年解决家里种地、照顾老人等后顾之忧，"保家保田"的口号变为参军入伍的实际行动，据记载，解放战争时期淄博地区先后掀起过四次大规模的参军热潮。

在淄博彻底解放之前，特别是土地改革的时候，广大青年"拿枪保田""参军反蒋"，保卫我们的胜利果实。临淄高阳地区有个耿家坡村，不到 600 人的村子里，适龄青年全部报了名，被中共临淄县委、县政府表彰赠送"万代光荣"匾一块。临淄、博山、淄川等地，就有 20 天参军千人的记录。

1948 年 3 月，淄博地区获得全境解放，渤海区和鲁中区连成一片，数百万淄博人民开始恢复生产，重建家园。在全国解放战争进入战略决战阶段后，淄博地区分别在 1948 年 8 月和 1949 年初，掀起了第三次、第四次参军热潮。广大青壮年积极响应"打过长江去、活捉蒋介石、解放全中国"的号召，争相报名参军，两次参军共达 4000 多人。应征入伍的淄博广大青壮年不负家乡父老的重托，奔赴前线、英勇杀敌，为解放全中国作出了重要贡献，谱写了不朽的篇章。

"一切为了战争，一切为了前线的胜利，解放军打到哪里，我们就支援到哪里。"

另一方面，即便不能直接拿起枪上战场，其他的淄博老百姓也没有闲着，他们在党组织的领导下，迅速恢复部分生产之后，就加足马力展开了轰轰烈烈的生产支前运动，就这样，大量军需物资源源不断地从淄博运往前线。

1948 年 4 月的潍县战役期间，地理上与潍县比较近的临淄县就派出了 200 多名民工和 100 多辆大车，去前线承担运输任务。40 天后，437 名民工和 200 辆小车组成的第二批运输队也到达了战场，这次他们抛开重建的家园，在战场上待了 48 天，运粮共计 41.8 万斤，行程也达到了 1250 里。运输队多次荣获部队和支前司令部的表扬，有 369 人立功，比例相当之高。

在解放济南的战役中，各个县也都积极出力。沂源县组织了 4 个民兵营，计 2000 多人及担架 150 副、小车 200 辆奔赴前线。留在家乡的父老乡亲们，家家户户碾米磨面，夜以继日地加工军粮，他们一共贡献了 200 万斤，为解放济南助了一臂之力。博山县派出民工三批，共 2675 名。

淄川县派出民工 2.36 万名、小车 1.11 万辆、担架 236 副、牲畜 100 头。临淄县派出民工 2300 多名、小车 600 辆，运粮和军用物资 270 多万斤。高青县以"打到济南府，活抓王耀武"的口号组织发动群众，出动 600 辆小车，500 名挑夫，组成高青县担架团，支援济南战役。桓台县派出民工 2000 余人，运送伤员一批、粮食近百万斤，担架队荣立集体三等功。

据不完全统计，自胶济铁路西线作战至济南战役，淄博特区共组织与派出常备民工 10.69 万人，用工日 652.09 万个。为支援济南战役，淄博地区共向济南战役参战部队直接供应与运送面粉 11.2 万斤、小麦 50 万斤、麦麸 3 万斤和马草、柴草 4 万斤。

到了淮海战役的时候，沂源人民又积极响应"砸锅卖铁也要把这一仗打好"的号召，第一批组织了 1 个民兵团、1 个担架团，约 4000 人和 200 辆小车。第二批又组织了有 2000 余人和 200 副担架的担架团，快速到达双堆集前线投入战斗，出色地完成了任务。

淄川县、博山县和原山区共派出小车 1000 辆、民工 2170 名奔赴淮海战场，历时 3 个月，圆满完成运送军火、军粮任务。全支队有 24 人立一等功，225 人立二等功，1037 人立三等功。1948 年 10 月，桓台县以 750 名民工、360 辆小车组成小车队，赴淮海战场服务 4 个月，胜利完成任务。

而为了解决医疗物资和能源问题，省政府生产部的新华制药厂发动工人昼夜苦干，攻克一个个难关，提前 10 天完成医疗器械的制作任务，超额生产急救包 96 万多个、药用纱布 25 万米、脱脂棉万余斤，荣立集体二等功，为我们的战士送去了救命的装备。其他厂矿如洪山、西河、新博等煤矿工人生产热情也十分高涨，产量大幅度增长。

这一时期，淄博特区组建的淄博担架运输团也是很有名气。这支队伍成立于 1948 年 12 月 27 日，全团 6 个营 3750 人，成立两天后就赶到了淮海战场，随华野第七兵团第 21 军抢救伤员，运送弹药、给养。沂源也组建了担架团，他们参与了围歼黄维兵团、杜聿明兵团等多场战斗。淮海战役后，沂源担架团编为沂蒙担架运输团五营，随华东野战军第一纵队南下，横渡长江，连续跋涉 14 昼夜，解放上海。上海战役结束后，全营大评功，96% 的队员立功受奖，华东野战军第二十军后勤部授予五营锦旗一面，上书"支前京沪杭，功扬沂蒙山"十个大字。

1949 年 1 月，淄博特区又命博山县组织 467 人的民兵营，于 2 月间赴徐州一带随军休整。4 月 21 日子夜，渡江战役开始后随军渡江，分别在解放南京、上海、杭州、金华、绍兴、宁波、青田、丽水、定海、温州等战役中，抢运伤员、军需物品。据统计，在渡江战役及以后的战斗中，淄川县支前队伍共运救伤员 1771 人，自韩庄至温州等地运弹药 126.58 万斤、军服 12.75 万斤、面粉和其他物资 43.89 万斤，往返 1.35 万公里。5 月底 6 月初，在丽水进行总结评比，淄博担架运输团有 2700 多人立功。博山县民兵营参加渡江和宁、沪、杭战役后，又被派往皖南池州地区参加剿匪和维护治安活动，有 3 人立特等功，52 人立一、二等功，85 人立三等功，于 7 月 18 日高举"复员荣归"的大旗回到博山。

还有高青人民。1948 年 10 月，全县广大人民群众响应上级号召，踊跃缴纳公粮支援前线。乡村城镇的道路上，缴纳公粮的群众成群结队，运粮的大车络绎不绝。12 月，为了支援大军南下，中共高青县委宣传部长张华（即张欣荣）和县政府司法科长谢建邦，奉命带领全县 1525 名民工，组成高青县常备民工团，随解放大军参加了淮海战役和渡江战役，翌年 7 月载誉归来。常备民工团途经山东、安徽、江苏三省，长途跋涉 2500 余里，出色完成任务。全团运送伤员 3100 人，运送弹药 145 万斤，各种物资 430 万斤；被上级授予模范集体 10 个，评选出积极分子 326 名，发展党员 184 名，提拔干部 151 人。

支援人民子弟兵是革命老区的光荣传统。淄博人民在解放战争时期调动了一切人力、物力、财力，全力以赴，支援前线，参军参战。为解放山东、解放全国贡献了自己的力量。

19. 土改后的土地房产所有证存根

文物名称：土改后的土地房产所有证存根
收藏地点：淄博历史展览馆

这是新中国成立后，农民拿到手的一份土地房产所有证存根，它意味着这位农民拥有了属于自己的土地和房产。以如今的眼光来看，这似乎并不是件多么令人兴奋的事。但在当时，可以算得上是农民的头等大事了。

为什么这样说呢？我们都知道，中国古代农业发达，农民人口占大多数，他们构成了封建社会的基础。但是，大多数农民并没有自己的土地。千百年来，无数的农民面朝黄土背朝天，他们祖祖辈辈在土里刨食，却很难有一块属于自己的土地。广大农村中有七八成的土地掌握在地主和富农手里，而地主和富农却只是少数人，贫雇农和大多数中农终年辛勤劳作，仍难以维持生计。

这种局面一直维持了千百年，不只是淄博这样，整个中国都是如此。到了解放战争的时候，中国共产党决定在解放区，让农民真正翻身，实现当家作主。

1946 年 5 月 4 日，中共中央发出了《关于清算减租及土地问题的指示》，因为这一天在 5 月 4 日，所以又被称为《五四指示》。内容就是将抗日战争以来在解放区内实施的减租减息政策，改变为实行"耕者有其田"的政策。减租减息是为了减轻农民所受地租和高利贷剥削的一项政策，它允许地主出租土地，但原则上须按照战前的原租额减低百分之二十五；承认战前的借贷关系，但年利息一般不得超过一分半，如债务人付息已超过原本一倍者，停利还本，如付息已超过原本两倍者，本利停付，原借贷关系视为消灭。这对改善农民生活、提高农民积极性起到了明显的作用。但是地主依然存在，剥削依然存在。于是新的"耕者有其田"的政策更加直截了当，就是没收地主阶级的土地，把它们分配给无地少地的农民。

不过好事多磨，《五四指示》发出后，由于全面内战的突然爆发，为了支援解放战争，山东的鲁中、渤海两区党委和政府都在忙着组织参军、参战、支前及夏收夏种等工作。直到六七月间，才分别召开会议部署贯彻土地改革政策。

1946 年 6 月 26 日，中共鲁中区党委在博山召开地、县委书记和专员、县长会议，向淄博各地的领导传达了《五四指示》和华东局会议精神。

为了土地改革能顺利进行，农民们能真正地获得到实惠，几天后的 7月，又专门组织召开了试点工作会议。摸着石头过河，给大家总结些经验出来。会后，博山、淄川两县分别派出工作队，选择了东下册村和千峪村开始土改试点。

为什么选择这两个地方呢？其实看看淄博的地图就明白了，东下册村和千峪村都在淄河下游，是淄博党组织较早开辟的革命老区。革命老区的优点就显现出来了：党群组织比较健全，群众基础好。而且两个村也有几个地主，贫雇农深受他们的剥削压迫，易于发动。

于是，县委工作队进村后，开始走门串户，深入、细致的调查研究。老百姓们在党组织的启发下，开展了"谁养活谁""劳动人民为什么受苦"等问题的讨论，群众的阶级觉悟逐渐被加深；而几次诉苦大会的召开，则点燃了老百姓的斗争情绪。

在农会领导下，分地小组诞生了。为了合理分配，大家一致决定根据各家原有土地多少，按人口平均分配，并对军烈属给予优先照顾。广大贫雇农分得土地，无不兴高采烈，一致拥护党的土改政策。

东下册村和千峪村的试点工作非常成功。

1946 年 8 月 8 日，为广泛发动群众，巩固解放区，以便取得自卫战争的最终胜利，中共中央电示在山东的领导干部陈毅、黎玉、张云逸等，要求山东加快土改的进度，并对土改的政策作了进一步的规定。

8 月下旬，华东局为贯彻中央要求山东加快土改进度的指示精神，在总结土改试点取得经验的基础上，召开了土地会议。9 月 1 日又发出了《关于彻底实现土地改革的指示》（又称《九一指示》），要求各地在年底以前全部或大部完成土地改革。

《九一指示》下达后，中共鲁中区和渤海区党委、政府相继召开会议进行传达贯彻，并根据本地情况分别发出土改指示。春雷一声平地起，斗倒地主分田地。一场大规模的群众性土地改革运动在淄博各解放区全面展开。到 1948 年春，按照华东局的部署，淄博各县土地改革工作基本结束。

但这并不是终点。新中国成立的时候，新的解放区还没有实行土地制度的改革，地主阶级对农民的剥削仍严重地束缚着发展，这成为恢复国民经济的最大障碍。与此同时，老解放区由于战争与支前任务繁重，在之前的土地改革中也遗留了一些问题没有解决。针对这种情况，1950

年 6 月 28 日，中央人民政府委员会第八次会议通过了《中华人民共和国土地改革法》，规定土地改革的基本目的是：废除地主阶级封建剥削的土地所有制，实行农民的土地所有制，借以解放农村生产力，发展农业生产，为新中国的工业化开辟道路。

根据中央指示，淄博地区结合自身实际，决定通过确定地权、颁发土地证等方式，彻底完成土地改革，恢复和发展生产。各地党组织都派出土地改革工作团深入农村，领导土地改革运动，培养积极分子，逐步把群众发动起来。

7 月 7 日，中共淄博地委发出《关于结束土地改革准备工作的指示》，对完成 1950 年结束土地改革的任务进行了充分准备。1950 年 11 月 15 日，淄博地委又制定了《关于今冬明春完成与结束土地改革工作计划（草案）》，指出：淄博专区 8 个县及淄博、张周 2 个市，共分 66 个区、839 个乡镇，土地改革分三期进行。

第一期从 1950 年 12 月初开始至 1951 年 1 月上旬结束，共完成 136 个乡的土地改革工作。

针对土地改革工作中暴露出来的一些问题，地委要求省县委坚决迅速地克服干部中存在着的"和平土地改革""取消斗争"等右倾情绪，彻底摧毁地主阶级的统治，树立群众的优势，纠正脱离群众、脱离实际的行为，认真搞好土地改革，正确划定阶级成分，以进一步宣传发动群众、组织动员群众，积极投入抗美援朝、保家卫国的运动中。

有了第一期土地改革的经验，后面的步伐就更快了。第二期土地改革从 1951 年 1 月 10 日开始至 2 月 10 日结束，共完成 469 个乡的土地改革工作。第三期土地改革从 1951 年 3 月 15 日开始至 3 月 25 日结束，共完成 191 个乡的土地改革工作。

历经三期土地改革，除淄博、张周两市的部分乡镇属于市郊区未能开展工作外，绝大多数地方基本上按预定时间结束了土地改革。

通过土地改革，淄博专区共依法没收地主土地 84.14 万亩、房屋 27.08 万间、牲畜 1.72 万头、农具 2544 万件、粮食 2409 万余公斤。分得 20.12 万户 42.89 万人的农民分到了属于自己的土地。这样,农民连同原有土地,每人平均有土地 2.03 亩,地主平均每人有土地 1.31 亩。土地改革的同时也进行了民主建政,建立乡政府 392 个,改选乡政府 447 个。

土地改革极大地解放了贫雇农,淄博各地的农村涌现出了成千上万的积极分子,成长起大批的干部,大大加强了农村党组织的建设。广大农村妇女争得了民主权利,她们积极参加生产,弥补了战争带来的劳动力不足。党和政府在区、乡、村普遍设立文化站、冬学、夜校等,组织农民识字学文化,进行科学、卫生、时事、政策、法令等方面的宣传教育工作,大大提升了农民素质。

土地改革彻底改变了淄博地区土地的占有状况。使深受剥削压迫的广大农民获得土地等基本生产资料,调动了广大农民的积极性,极大地解放了农村生产力,促进农村经济迅速走向恢复和发展。淄博地区农林牧渔业总产值在 1949 年的时候只有 7000 万元,1952 年则达到了 1 亿元,农业生产效益逐年提升,粮食普遍增产,副业收入大大增加,为工业化的发展扫清了障碍。

毛泽东主席把土地改革看作中国人民民主革命中继军事斗争以后的第二场决战,称它为"中国历史上几千年来最大最彻底的改革"。这场从 1946 年下半年开始的,有计划、有步骤进行的群众性土地改革运动,极大地激发了广大农民群众的政治热情和生产积极性,为取得解放战争的胜利提供了最重要的政治保证,也为新中国的各项建设奠定了基础。

20. 公元 20 世纪淄博洪山煤矿五四采煤队奖旗

文物名称：公元 20 世纪淄博洪山煤矿五四采煤队奖旗
收藏地点：淄博市博物馆

奖旗是生活中比较常见的物品，主要起到表彰荣誉的作用。能有资格入藏淄博市博物馆的奖旗，背后的历史意义不言而喻。这件奖给淄博洪山煤矿五四采煤队的锦旗，从略微有些掉色的旗面上足以看出岁月的痕迹。而淄博市博物馆收藏的奖给五四采煤队的奖旗还有许多。这支煤矿史上赫赫有名的队伍，在新中国成立后的相当一段时间内，曾是淄博煤炭人的名片。

俗话说："人是铁，饭是钢。"

刚刚成立的新中国，各行各业都需要发展，特别是我们所薄弱的工业，亟需吃饱饭快快长大。有一种资源被誉为"工业的粮食"，它对当时新中国各行业的发展十分重要，那就是煤炭。煤炭不仅可以用作燃料，取得热量和动能，还能提取冶金、化工用的稀有元素，无论是重工业，还是轻工业，都在一定程度上要用到煤炭。

说起与煤炭有关的历史，淄博是绝对数得着的。清末帝国主义列强欺侮中国，就盯上了淄博的煤炭资源。淄博大地上最早的铁路，就是帝国主义列强修筑用来运输煤炭的。中国共产党成立不久后发展工人运动，淄博煤矿也是一个重要区域。直到现在，还能看到一些与煤矿有关的企业和建筑。

既然淄博有如此丰富的资源，又有一定的历史经验，为新中国的建设提供煤炭的任务，淄博自然扛了起来。

1950 年 6 月，淄川洪山煤矿三立井组建了一支由小伙子们组成的青年采煤队伍。他们干劲满满，洋溢着青春的活力，从成立的那天起，他们就不分昼夜地战斗在一百五十米以下，地层深处一米左右的薄煤层中。

"为建设社会主义祖国多产煤、产好煤"是他们响亮的战斗口号，"宁愿汗水漂起船，不让祖国缺煤炭"，他们就是这样以奉献的精神，不怕苦不怕累在井下干了一天又一天。

除了生产积极性高外，这支队伍也十分重视安全。时任洪山煤矿的矿长周子虹给他们总结了四条经验：一是人人重视安全，全都树立了安全第一的思想；二是坚持使用劳动保护用品；三是坚持 15 分钟一次敲帮问顶等制度；四是矿工家属协管安全好。这一经验也被当成典型材料，宣传推广。

到了 1952 年，年进 1376.5 米的全国最新纪录就是这支队伍创下的。班产煤炭和工效都有了大幅度的提升，这支 200 多人的队伍平均每人每天产煤能到 5.4 吨，这在当时是很不可思议的。加上正采的是第 5 个面第 4 层煤，这一年的 7 月 31 日，这支队伍被正式命名为"五四采煤队"。

当问起"五四采煤队"是不是有什么秘密武器的时候，曾任采煤

永葆革命青春的"五四采煤队"（油画）

队长的崔德锡老人朴实地说："那时采煤都用手镐，人拉筐运煤，没有什么新鲜'武器'。"

"开始时，溜子是自己用三角形铁板捲的，自己捲的溜子是链条式的，不淌炭，于是人躺在链子上面，当刮板……"

面对采掘工艺落后、采掘条件恶劣的情况，正是这种不怕困难、顽强战斗的革命精神，才有了采煤队的辉煌！

为实现薄煤层采煤机械化，1966 年"五四采煤队"又毅然接过试验"土机组"的任务，经过 12 次技术改进，"土机组"终于试验成功，不仅劳动效率提高了 6 倍，而且使攉煤工从繁重的体力劳动中解放出来。被命名为"洪山 2 号"的"土机组"在广交会和北京展览馆展出，受到专家称赞。

1975 年 10 月，在全国煤炭采煤掘进队长会议上，"五四采煤队"被煤炭部命名为"永葆革命青春的五四采煤队"，就是开头的那面锦旗。当时全国煤炭工业有十面红旗，"五四采煤队"就是其中之一。

建队以来，"五四采煤队"先后 2 次被国务院、4 次被国家煤炭部、5 次被山东省授予先进集体称号。有 3 人被选为党的八大、十大、十一大代表，4 人去天安门参加国庆观礼，6 人受到毛泽东、周恩来等党和国家领导人的接见。"五四采煤队"总结建立的经验做法在全国煤矿得到推广且坚持至今。

新华社在介绍他们的事迹时用了一段话，让人们热泪盈眶：

"时间是块试金石，一切革命者都要在它面前经受检验，有的可以轰轰烈烈于一时，但时间久了就会变，就会垮，只有真正的革命者，才能永放光芒……"

后来经过建制调整，"五四采煤队"也离开了淄博远赴他乡。时光更迭，岁月流转，作为全国煤炭战线十面红旗之一、被誉为"永葆革命青春"的他们，已经化作一种生生不息的精神力量，激励我们继续向前。

21. 1955 年淄博工矿区改为淄博市的通知

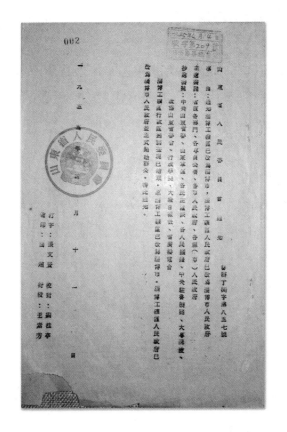

文物名称：1955 年淄博工矿区改为淄博市的通知

收藏地点：淄博历史展览馆

淄博历史展览馆展出的这张 1955 年淄博工矿区改为淄博市的通知，是"淄博"首次作为省辖地级市的名字出现在历史上。那么，"淄博"这个名字是怎么来的呢？

淄博的历史悠久，在几千年前就有先民在片土地上活动，并留下了灿烂的文明。临淄、高青、淄川、桓台、周村、博山等城市，在各历史时期都留下了灿烂的篇章。不过在相当长的一段时间内，这些城市始终没有以"淄博"的名义出现过，都是归在周边的济南、青州等。那"淄博"这个名字是什么时候出现的呢？

其实这个名字也有将近二百年的历史了。

在淄博市淄川区太河镇曹家庄的古石桥通济桥桥头上有一通石碑，碑文上记道：

"淄邑东南境，……而西峪曹家庄西，恰当其冲地。去城四十里，众山环绕，仅通一线，虽属僻壤，亦淄博往来必由之径。而北山危岩巍峨，下临巨壑，货色两岸中有石桥跨其要路，以便行人矣。"

里面赫然出现了"淄博"二字，因碑的落款是道光乙巳年（1845年）。考虑到民间约定俗称的说法形成与传播都需要一定的时间，可以推断"淄博"的出现还要更早。

到了20世纪20年代初，淄川、博山两地的煤矿开发规模宏大。又因二者在地理上挨得很近，于是同样用了这种取其首字简称的方式，逐渐形成了"淄博"这一地域名称。

1938年10月下旬，中共苏鲁豫皖边区省委从清河特委划出淄川、博山、益都、临朐、安丘、昌乐等县，成立新的特委，这个特委就用了"淄博"二字，这就是中共淄博特委。随着战争形势的变化，在后来的十年里，淄博特委经历了撤销、重建、又撤销、又重建的过程，但毫无疑问，淄博的名称被广大人民所接受认可了。

1945年8月，鲁中行政区成立了淄博特区，并设专员公署，"淄博"这个名字开始成为政区名称。淄博特区同样经历了多次撤销与重立。

新中国成立后不久，为了适应经济建设、文化建设上的新形势和新任务，1952年11月15日，中央人民政府委员会第十九次会议决定：减少行政层次，取消大区一级的政府职能；调整省区建制，加强省、市级人民政府的组织，加重省、市级领导的责任。

1953年7月20日，山东分局根据中央精神及山东实际，发出《关于执行区划调整工作的指示》，提出了裁并专区，减少行政单位，归还旧县制，县制过小者两县合并为一县的意见。

8 月 20 日，省政府公布了区划调整方案：将原淄博专区所辖各县，除淄川、博山外，均分别划归邻近专区（临淄县划归昌潍专区；邹平、长山、桓台 3 个县划归惠民专区；章丘、章历两个县划归泰安专区）。行政区划调整后，相应调整建立了地、县委。

9 月 22 日，中共淄博地方委员会改称中共淄博工矿特区委员会，隶属山东分局。辖淄博、张周两市市委，淄川、博山两县县委。郑子久任特委书记，特委机关驻博山四十亩地。淄博专区调整为淄博工矿区，淄博专员公署改称淄博工矿区人民政府（因上级未刊发印信，因此对外未公布，仍沿用原淄博专员公署旧章）。特区专员无，赵沂川、杨德贵、李国栋任副专员，赵沂川主持工作。调整后的淄博工矿区，辖淄博市、张周市、淄川县、博山县。

1955 年 3 月，山东省人委根据国务院批复，为加强对淄博工矿区工矿企业生产的领导，决定撤销原淄博、张周两市和淄川县，合并后设立省辖淄博市。新设的淄博市辖博山区、张店、周村区 3 个市区，洪山区、昆仑区、黑山区 3 个工矿区及 1 个郊区杨寨区。根据新的区划调整，淄博工矿特委撤销，组成淄博市委，于 4 月 25 日正式更名。

新建市委隶属山东省委，辖博山区委、张店区委、周村区委、洪山区委、昆仑区委、黑山区委、杨寨区委。郑子久任市委书记。同时，淄博工矿区人民政府调整为淄博市人民政府，辖博山区、张店区、周村区、洪山区、昆仑区、黑山区、杨寨区。市委及市级政府机关驻博山四十亩地。

1956 年 2 月，为适应城市工矿工作发展和农业社会主义改造需要，经省人委批准，市委作出决定，撤销昆仑、黑山、杨寨 3 个区委，调整为博山、张店、周村、淄川、洪山 5 个区委。淄博市辖区调整为博山区、张店区、周村区、淄川区、洪山区 5 个区。市委及市级政府机关驻博山四十亩地。1956 年 4 月，淄博市人民政府改为淄博市人民委员会。

此后，淄博市内辖区虽有所变化，但淄博市作为独立区划和地区名称固定下来，一直延续至今。

正如同"淄博"二字复杂的笔画一样，从一个词组到一个机构名，从一个工矿名到行政区名，从名称上的调整再到辖区的变化，"淄博"的诞生并不是简简单单、敲锣打鼓就完成了的。这些调整与变化，体现了党和国家对这座老工业城市的重视，也确实加强了对淄博工业基地的领导，保障了各项工业建设的开展。

22. 焦裕禄在兰考期间坐过的藤椅

文物名称：焦裕禄在兰考期间坐过的藤椅

收藏地点：博山焦裕禄纪念馆（故居）

这是博山焦裕禄纪念馆（故居）收藏的一把焦裕禄坐过的藤椅，藤椅座长宽48厘米，椅背宽62厘米，高44厘米，椅高90厘米。它是千里迢迢，从焦裕禄工作的河南兰考运到山东淄博的。藤椅在上个世纪的家家户户中其实比较常见，它是用藤皮、藤芯、藤条等材料手工缠扎而成，材质环保，造型端庄，既轻巧又凉爽，深受老百姓的喜爱。但是天然的藤材怕暴晒、灰尘和虫蛀，所以这把藤椅在几十年之后已经出现掉漆、藤条结构脱落等情况。

焦裕禄坐过的藤椅，曾经引起过习近平总书记的共鸣。在2014年3月份的时候，习近平总书记到河南兰考调研指导党的群众路线教育实践活动。而他到兰考的第一站，就来到了焦裕禄同志纪念馆参观。当总书记的目光落在焦裕禄坐过的藤椅上的时候，他的眼中开始闪烁起泪花。

"再次踏上兰考土地，依然心情很不平静。刚才，尽管看的听的都比较熟悉，但我还是想多看一看、多听一听，因为这里的每一件实物、每一个故事，都能引起我的心灵共鸣。"

习近平总书记如是说。

不仅如此，三十多年前，习近平总书记在担任福建省福州市委书记时还专门撰写过《念奴娇·追思焦裕禄》一词：

"魂飞万里，盼归来，此水此山此地。百姓谁不爱好官？把泪焦桐成雨。生也沙丘，死也沙丘，父老生死系。暮雪朝霜，毋改英雄意气！

依然月明如昔，思君夜夜，肝胆长如洗。路漫漫其修远矣，两袖清风来去。为官一任，造福一方，遂了平生意。绿我涓滴，会它千顷澄碧。"①

面对这位淄博老乡用过的东西，为什么习总书记会有如此大的感触呢？

1922年8月，焦裕禄出生在博山区北崮山村一户贫苦农民家里。和那时绝大多数的淄博孩子们一样。年少的焦裕禄经历过灾荒，去煤窑当过苦工，甚至流落他乡到江苏宿迁去做地主家的长工。1945年8月，当抗日战争胜利的消息传来时，已经是大小伙的焦裕禄第一时间回到了家乡博山。他的内心激动无比，因为这些年旧社会的压迫让他清楚谁才能带领老百姓们翻身解放。

回到博山后的焦裕禄，凭借自己的一腔热血和不懈努力，很快就成长为一名共产主义战士。他在自己的入党申请书中淳朴地写道：

"共产党是人民群众的救星，没有共产党，革命就不能胜利，穷人就不能翻身，我要听毛主席的话，跟共产党走，为推翻旧社会，建立新中国，实现共产主义而奋斗。"

在博山，焦裕禄是民兵队长，是八陡地区的武装部干事。1947年春，盘踞在淄川、博山、章丘三个县的还乡团纠合在一起，准备扫荡崮

---

① 原载于《福州晚报》，1990年7月16日。

山根据地。当时的情况是敌众我寡、力量悬殊。聪明的焦裕禄想到了"空城计"的办法，他派 6 名同志在黑山、岳庄一带的民房门上写上"八陡某团某营驻""某团某营某连驻"等字样。敌人一看，心想好家伙，原来这里有这么多的解放军驻扎。于是很快就逃走了。就这样，焦裕禄和几名同志用"吓"的方法，打退了敌人的进攻，保护了我们的崮山根据地。

这一年的 7 月，根据组织需要，焦裕禄又被调到渤海地区的南下工作队中。南下途中，焦裕禄又化身文艺骨干，和战友们一起排演了一场大型歌剧《血泪仇》。这场歌剧是根据当时许多人的亲身经历编成的，它反映了河南农民在国民党统治下的悲惨生活。老百姓对国民党的反动统治叫苦已久。焦裕禄和战友们真挚的情感，卖力的表演，如何不能感染在场的观众？许多青年农民当场就报名参加了革命队伍，成为了南下的一分子。

南下的队伍到了河南后，根据上级安排，焦裕禄先后担任了尉氏县宣传干事和尉氏县委副书记等职务。新中国成立后，焦裕禄又担任共青团陈留地委宣传部长、共青团郑州地委第二书记等职务。

1953 年，新中国开始了大规模的经济建设。面对百废待兴的工业，全国人民鼓足干劲，在社会主义工业化的大道上迈出了矫健的步伐。这时，党从各方面抽调大批优秀干部，派往工业战线，焦裕禄也怀着无限激情，来到了洛阳矿山机器厂。焦裕禄是很聪明不假，参加革命之后虽然困难重重他也出色地完成了组织的任务，但到了工厂困难却"崭新而又艰巨"了。为什么这样说呢？焦裕禄在解放前只上过几年学，文化水平很有限，怎么摆弄这些机器呢？焦裕禄清晰地认识到，单凭热情，不懂技术和业务，根本无法适应现代化的工业生产。后来，工厂党委派他到哈尔滨工业大学学习，到大连起重机厂实习。焦裕禄十分刻苦努力，无论在哪个岗位上，他都尽己所能做到最好。"最棒的车间主任""政治科长"等荣誉纷至沓来，焦裕禄也从一个门外汉逐渐成长为工业战线上的一名红旗手。

三年自然灾害的 1962 年冬，兰考大地，俨然是一幅严重的灾荒景象。横贯全境的两条黄河故道，是一眼望不到边的黄沙；片片内涝的洼窝里，结着青色的冰凌；白茫茫的盐碱地上，枯草在寒风中抖动。满目疮痍。风沙、内涝、盐碱"三害"非常严重，粮食产量低，群众生活苦，无数灾民外出逃荒。党组织把重任交给了焦裕禄，派他来到河南省兰考县担任县委书记。

面对困难，焦裕禄并没有皱眉头，更没有后退半步，他说：

"感谢党把我派到最困难的地方，越是困难的地方越能锻炼人，请组织上放心，不改变兰考的面貌我绝不离开这里。"

新来的县委书记去办公室可找不到他，因为他经常住在农民的草庵里。在牛棚里蹲着跟群众一起吃饭、一起劳动的那个人就是他。

焦裕禄初来乍到，他决定拜群众为师，虚心向群众学习，深入到每家每户全面了解灾情及其原因。群众干什么活他就干什么活，群众身上有多少泥他身上有多少泥，群众流多少汗他身上流多少汗。焦裕禄看到了群众身上自力更生、奋发图强与"三害"顽强斗争的革命精神，他也从群众身上学到了不少治沙、治碱、治涝的方法，这些都坚定了他战胜灾害的信心。

为了探究"三害"的形成原因，为根治"三害"提供科学依据，1963 年，兰考县委成立了"三害"调查队。他们通过实地调研，在全县大规模地追洪水、查风口、探流沙。焦裕禄当然没有退居二线，他骑着自行车一个村一个村地调查，自行车过不去的就用自己的"铁脚板"走过去。120 多个日夜，全县 120 多个大队都留下了他的身影。这才有了全县 84 个风口、1600 多个大小沙丘的尺寸、编号、地图数据。正是靠着这种科学求实的态度，经过研究，县委基本掌握了水、沙、碱发生发展的规律，在此基础上，县委制定了一整套切实可行的改造"三害"的办法。

在了解到泡桐可以挡风压沙后，他和林业技术员一起研究泡桐的生长特点，焦裕禄亲自上马，既当指挥员又当战斗员，带领全县干部群众展开了大规模种植泡桐的运动。"兰考人民多奇志，敢教日月换新天。"

焦裕禄田间视察（油画）

在焦裕禄和兰考人民的努力下，泡桐蔚然成林，"三害"也逐渐成为历史。

习近平总书记曾说到：

"我们这一代人都深受焦裕禄精神的影响，是在焦裕禄事迹教育下成长的。我后来无论是上山下乡、上大学、参军入伍，还是做领导工作，焦裕禄同志的形象一直在我心中。"

焦裕禄身披外套、雷厉风行的形象十分经典。而他在工作和生活中，也始终把艰苦朴素放在心上。作为县委书记，他的生活却十分艰难，一条被子上有42个补丁，穿戴过的衣帽、鞋袜都是补了又补、缝了又缝。在淄博市博物馆、焦裕禄纪念馆（淄博博山）以及焦裕禄同志纪念馆（河南兰考）等地收藏的有关焦裕禄的文物中，大多都是些普通的生活之物。就这样，他依然拒绝救济。并且经常教育子女做苦活、到最困难的地方去，穿衣要朴素、生活要节俭。面对周围人的不理解，焦裕禄说：

"兰考是个重灾县，群众的生产生活都很困难，我们应该首先想到他们，要把这些钱用到改变兰考面貌的伟大事业上去，用到改善兰考人民生活上去。"

兰考在焦裕禄心中永远是第一位的。在兰考的日子里，他从没有抽出时间回一趟山东老家。直到1963年冬天，焦裕禄的肝病日益严重，病情开始恶化，一阵阵的剧痛时常让他彻夜难眠，他可能意识到了自己病情的严重性，这才决定回老家过年。

1964年春节，焦裕禄终于回到了阔别已久的博山老家。那时他的侄子焦守忠和侄媳妇准备订婚，简朴惯了的焦裕禄掏遍了口袋却拿不出一点份子钱。

1964年的3月，党组织了解到焦裕禄病情严重后决定送他住院治疗。医生开出的最后诊断证明是"肝癌晚期、皮下扩散"。听到这个结果，在场的人都失声痛哭。兰考的同志和群众代表前来看他，他不谈自己的病，首先问县里的工作、生产情况。他还嘱咐同志们：

"回去对县委的同志们说，叫他们把我没有写完的那篇文章写完；还有，把秦寨盐碱地上的麦穗拿一把来，让我看看。"

就这样，带着对兰考人民的依依不舍，焦裕禄走向了生命的尽头。

焦裕禄把自己的生命无私地奉献给了兰考。当地群众为了纪念他，亲切地将他亲手栽种的泡桐称为"焦桐"。

在焦裕禄骨灰迁移的现场，一位河南老乡道出了 36 万兰考人民的心声：

"老焦啊，你是为俺兰考给活活累死的啊！"

1966 年 2 月 7 日，《人民日报》发表社论《向毛主席同志的好学生——焦裕禄同志学习》，同时发表了长篇通讯《县委书记的好榜样——焦裕禄》。毛泽东、周恩来分别接见了焦裕禄的家人和子女。2 月 10 日，淄博市委发出《关于贯彻执行省委〈关于组织各级干部学习焦裕禄同志革命精神的通知〉的通知》，要求全市各级党组织深入学习贯彻焦裕禄"一心为革命，一切为革命，不为名，不为利，不怕苦，不怕死，对革命无限忠诚，为人民鞠躬尽瘁的彻底革命精神"，把学习焦裕禄的活动当成一件大事来抓，认真学习《人民日报》的社论和通讯，在全市党员干部中掀起一个学习的热潮，促进思想革命化和领导机关革命化。11 日，市委召开学习焦裕禄座谈会，各区委书记，部分厂矿、学校党委书记和市直各部门负责人参加，把学习榜样化为精神力量，化为比干劲比奉献的实际行动。

为了纪念焦裕禄，11 月，淄博市委决定在焦裕禄的故乡——博山区北崮山村建立焦裕禄纪念馆，1967 年 1 月正式开馆，建筑面积 3400 余平方米，占地面积达 10000 平方米，是全国最早的焦裕禄纪念馆。

"焦裕禄同志给我们留下了那么多，我们能为后人留下些什么？"

对于焦裕禄，习近平总书记一直十分崇敬，视为人生榜样。在兰考县考察期间，他留下了这么一个思考题。

焦桐常青，精神不朽。焦裕禄是人民的好公仆，干部的好榜样，他用自己的实际行动塑造了一名优秀共产党员和优秀县委书记的光辉形象，铸就了亲民爱民、艰苦奋斗、科学求实、迎难而上、无私奉献的焦裕禄精神。那段艰苦的岁月早已离我们远去，然而焦裕禄精神在传承中不断被赋予新的时代内涵，成为家乡人民干事创业加快发展的强大精神动力！

正如习近平总书记指出的那样：

"我希望通过学习焦裕禄精神，为推进党和人民事业发展、实现中华民族伟大复兴的中国梦提供强大正能量。"

23. 1991年中共淄博市委表彰党建工作先进单位、先进党支部、优秀共产党员、优秀党务工作者的文件

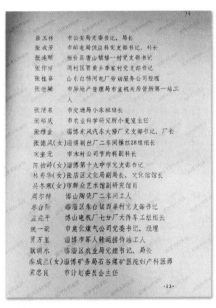

文物名称： 1991年中共淄博市委表彰党建工作先进单位、先进党支部、优秀共产党员、优秀党务工作者的文件

收藏地点： 淄博市档案馆

这是一份淄博市档案馆珍藏的中共淄博市委文件。当年淄博市为了鼓励先进、鞭策后进，表彰了各条战线上涌现出来的先锋党员。其中，淄博制丝厂二车间缫丝28组组长张德凤赫然在列。其实，这只是这个小组众多荣誉之一。这组工人中还出了中共十大、十一大的党代表，第五、第六、第八届全国人大代表，全国劳模，三八红旗手等等。说起淄博制丝厂二车间缫丝28组，这在全国堪称纺织战线的一面旗帜。

1952 年，山东省兴建了新中国成立后的第一家国营新型制丝厂——山东淄博制丝厂。1953 年 9 月正式投产的这家制丝厂，是当时全省规模最大、生产能力最高的厂子。制丝厂选择的地点，就在淄博的周村。

众所周知，周村的制丝历史十分悠久。远到 2000 多年前的春秋战国时期，周村就是齐国丝织业生产中心区域；近到几百年前的明清两代，周村还是"桑植满田园，户户皆养蚕；步步闻机声，家家织绸缎"的丝绸之乡。

淄博制丝厂当然继承了周村丝织业的优良传统，到 1954 年的第三季度，全厂分成了 32 个缫丝小组，320 台车全部开动，生产的场景十分热闹。在这些缫丝小组里面，最有传奇色彩的就是缫丝 28 组。

1955 年，成立仅一年的缫丝 28 组，就被评为全厂的先进小组。此后，28 组仿佛天选之子一样，在全国和省、市组织的历次竞赛和比武中取得优异成绩，拿奖拿到手软，破纪录破到习以为常。这里面当然包括世界纪录——1958 年 12 月，在浙江嘉兴举办的全国缫丝比武大会上，28 组的组长姜瑞芝首创 10A 级丝记录，以匀度 98 分、清洁 100 分、净度 99.8 分的成绩，破世界缫丝记录。

28 组的组员也同样优秀，先后有 3 人获全国操作能手、5 人获省级操作能手；小组参与多项技术革新和攻关项目；总结推广了姜瑞芝、李勇、李淑香、昃凤兰等人的多项操作法。

共青团中央的"五四纪念奖"奖章，山东省人民政府的"五好标兵组"称号，中共中央、国务院的"全国工业学大庆先进集体"称号，全国"三八红旗集体"以及国家纺织工业部的"先进集体"……这些荣誉，28 组一拿就是几十年。

但荣誉的背后，更多的是团队，努力和无私。

最初的 28 组其实并不优秀，操作技术不达标的工人也有很多。于是组里的老工人跟她们组成帮学小组，热心示范操作，手把手地进行技术指导。不达标的工人很快掌握技术操作要领，赶了上来。

在 28 组出名后，这种风气并没有衰退。1959 年，陶秀华调到了 28

组。由于设备的升级，她常常忙得满头大汗还达不到计划要求，为此她急哭了好几次。当时的组长、缫丝技术能手姜瑞芝就单独帮助她，无论是心理还是技术上，姜瑞芝给陶秀华开了不少小灶。其余组员面对这个成绩不好的新人，也没有批评她、瞧不起她，而是安慰她，鼓励她。和她挨着的姜瑞芝、朱淑梅等人，都在生产中主动帮助她。陶秀华学的劲头更大了，不光虚心请教别人，还提前到车间做准备工作，练动作。同事们都休息了，她也在琢磨技术，经过苦学硬练，慢慢地终于提高了技术。而且还凭借技术好当上了小组长。

几年来，老同志一个个调走，新同志一个个调进。她们就是这样帮助新同志成长起来，变成先进的分子。许多人钦佩得竖起了大拇指：

"人家28组真行，不愧为先进组，谁去了也能带上去。"

从社会主义建设初期到改革开放新时期，缫丝28组在各个历史时期都作出了突出贡献，在新中国历史上留下了这个英雄群体的光辉印记。作为全国纺织丝绸工业的一面红旗，这些巾帼英雄本是普通的妇女，但她们却在平凡的岗位上书写了不平凡的事迹，成为了淄博的骄傲。

24. 淄博市粮食局革命委员会关于胜利炼油厂粮食定量供应情况和意见的报告

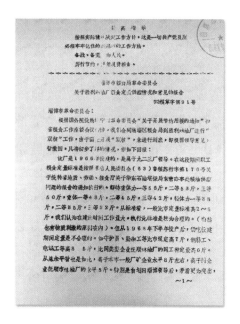

文物名称： 淄博市粮食局革命委员会关于胜利炼油厂粮食定量供应情况和意见的报告

收藏地点： 淄博市档案馆

1970 年，淄博市粮食局革命委员会向淄博市革命委员会上报了一份文件，里面详细陈述了胜利炼油厂兴建以来职工及家属粮食定量供应的情况。胜利炼油厂在淄博历史上占举足轻重的地位，这份文件对研究当时的历史具有重要意义。目前这份珍贵的文件现已被淄博市档案馆珍藏。

20 世纪 60 年代，国际形势风云变幻。中苏关系破裂，我们失去了经济建设的重要依赖，加上西方国家一贯的竭力封锁，我们面临着前所未有的外交困境。在这种情况下，毛主席和党中央果断决定"走自己的路"，"独立自主、自力更生"，力争"一张白纸画出最新最美的图画"。

为实现国内消费原油和石油产品的自给，国家于1961年开始了胜利油田的建设，而油田配套的炼油生产装置，花落淄博。

1965年上半年，石油部派出调查组来到淄博的张店—辛店一带调查了解情况。调查组一致认为这里便于隐蔽、便于运输、适合备战，符合中央提出的"靠山分散隐蔽""备战备荒为人民"的战略方针。经过专家们一年多地反复论证，决定在淄博市临淄区辛店南5公里处的大虎山下，建设胜利油田的配套项目——一座年加工原油能力为250万吨的炼油厂，这在当时是全国规模最大的了。淄博，这个胜利油田地理上的门户，再一次成为胜利油田坚实的大后方。

1965年，抚顺炼油公司从南京抽调50多名职工，在大虎山上架起了临时活动房，开始前期准备工作，胜利炼油厂建设正式开始。为加快建设进度，淄博不计得失，在人、财、物等方面给予力所能及的帮助，从附近农村抽调大批壮劳力参加炼油厂建设工作，最多时达2500多人。

1966年4月1日，胜利炼油厂开始破土兴建，正式的官方名称为"石油部九二三厂胜利炼油厂"。但为了对外保密，这里对外的邮政称为"淄博市第五十五号信箱"，项目对外则称呼为"五十五号工地"。

建设工地地处偏僻山村，远离城市，交通不便，吃住都很困难，工人们的工作环境十分艰苦。然而，参加建设的工人们并没有被困难吓到，没有宿舍就搭起帐篷宿营。没有食堂，就在山坡上埋锅做饭，没有路就自己动手修路。石油部康世恩副部长对建设胜利炼油厂指示："这个地方地少，我们不能与民争地，要在山头上做文章"。在胜利炼油厂的建厂方针中，有一条方针就是厂区不准建围墙。在当地老百姓的支持下，工地上没有围墙，也没有保安人员，那么多的建筑材料和设备从来没有丢失过。而工地也抽调5%的职工，到周围的村子里和老百姓同吃同住同劳动做群众工作。

在基础施工中，建设人员以大庆人为榜样，大搞科学实验，大胆采

兴建胜利炼油厂（油画）

用爆扩桩新技术，仅用 24 天，就完成了联合装置及凉水塔区 380 个基础工程的 1179 根爆扩桩任务，在国内炼油厂建设史上第一次创造了装置基础工程不挖一锹土、不支一块模板的先例。

"用一亿资金，在一年的时间里，建成一套联合装置，投产一次成功。"

这是当时的石油部对胜利炼油厂建设的"四个一"要求。承担第一期工程设计任务的北京、抚顺两个设计院按照石油部的要求，在总结国内外炼油厂建设经验的基础上，对设计方案又一次进行了研讨和修改。决定把六套装置及配套工程集中在一起，最终建成一套大的联合装置。

1967 年 6 月底，主体工程联合装置达到基本建成的条件。10 月 1 日，"五十五号工地"上的联合炼油装置建成投产，一次开车成功。在当时，同等规模的炼油装置建设需要三年的时间，他们创造了"胜利炼油厂速度"，只用了一年。

当年胜利炼油厂就生产出合格的石油产品，年内生产汽油 9400 吨，占山东省汽油生产总量 99％以上；生产煤油 2.57 万吨，占山东省煤油总产量的 99％以上；生产柴油 1.83 万吨，占山东省柴油总产量的 98％；生产沥青 8 万吨。

兴建胜利炼油厂，是淄博工业发展的一次重大机遇，带动了一大批石化企业相继上马。化工产业规模迅速扩大，奠定了淄博石化工业在全国的优势地位。淄博工业结构由此也开始向重化工产业结构转变。"五十五号工地"的历史虽然远去，但是"胜炼人"创造的辉煌业绩永载史册，他们团结顽强精神同样鼓舞着我们接续奋斗。

25. 现代京剧《红嫂》1964 年进京参加京剧现代戏观摩演出大会纪念证书

文物名称：现代京剧《红嫂》1964 年进京参加京剧现代戏观摩演出大会纪念证书

收藏地点：淄博市京剧院

淄博市京剧院收藏有一张文化部颁发的 1964 年进京参加京剧现代戏观摩演出大会纪念证书。这张纪念证书以金黄色为底色，整体设计简约却不失庄重。左上角有一个经典的工农兵造型标志：从左至右依次为兵—农—工。左侧的战士，右手持枪，左手握拳与胸前，做前进状；中间的农民，双手托起大捆麦穗，高举过头顶；右侧的工人，左手高举，指向远方。这款工农兵造型，曾被中央新闻纪录电影制片厂和北京电影制片厂等用来当做自己的厂标，文化内涵十足。证书上写有"百花齐放、推陈出新""为工农兵、为社会主义服务""山东省淄博市京剧团参加一九六四年参加京剧现代戏观摩演出大会纪念""中华人民共和国文化部一九六四年七月三十一日"字样，含金量颇高。

这场京剧现代戏观摩演出大会在京剧史上具有里程碑意义，1963年秋，为了繁荣京剧现代戏创作，活跃文艺气氛，文化部决定到1964年的时候，在北京举办全国性的京剧观摩演出。国内的京剧名家悉数到场，可谓群星璀璨。当时的淄博市京剧院还叫京剧团，能受邀出席也是淄博演艺界的大事。

其实在此之前，山东省的文化部门也组织了一次全省的京剧汇演，以此选出作品和演员，代表山东去北京表演。当淄博市京剧团接到相关通知时，留给他们的时间，已经不足一个月了。在短时间内拿出高质量的作品，对淄博市京剧团来说是个不小的考验。这时，淄博市京剧团想起了《红嫂》。

《红嫂》是1961年山东作家刘知侠根据沂南县聋哑妇女明德英用乳汁救伤员的真实故事创作的短篇小说。正应了那句"艺术来源于生活"，解放战争时期人民子弟兵和老百姓水乳交融的感人故事非常多，所以作品一经问世就勾起了广大人民群众的回忆，得到了热烈的反响。

京剧十分讲究唱腔，在没有剧本、没有现成唱腔的前提下，淄博市京剧团面临的困难可想而知。据时任淄博市京剧团乐队队长的岳绪智回忆说：

"当决定创作排练现代京剧《红嫂》的时候，时间很紧张，于是这六场戏就分成了六个人来写，剧团里有几个人参加写剧本，文化局也有写剧本，经过大家的共同努力，一晚上咱就把剧本写出来了。"

有了剧本以后，大家又加班加点地紧张排练。为选出合适的主角，团里还一下子搞了六个组同时排练，哪个组演得好选哪个组，这在淄博京剧团建团史上还是第一次。终于在18天以后，山东省的汇演舞台上，淄博京剧团的《红嫂》一炮打响。此次汇演，淄博京剧团的《红嫂》与山东省京剧团的《奇袭白虎团》（"一红一白"）一起获得了进京参加"全国京剧观摩演出"的两张入场券。

为了保证演出质量，山东省特地选派了梅兰芳的徒弟、青岛京剧团的张春秋和另一名演员李师斌分别饰演红嫂和彭林两角色，最后安排张春秋为A组，淄博京剧团的演员杨淑萍为B组，共同进京参加观摩汇演。

1964年5月底，《红嫂》剧团抵京。那次观摩汇演规模庞大也十分热闹，各剧团分别在北京各大剧院轮流演出。《红嫂》演出的第一场是在北京的二七剧场，演完之后大家纷纷献上掌声，从心底为这部剧叫好。

当这部戏在首都剧院演第二场的时候，刚结束国外访问的周恩来总理特意赶来观看。他得知当天出演红嫂的演员是青岛的张春秋后，又特地表示想看到咱们淄博的红嫂。于是第二天，杨淑萍出演的红嫂出现在首都剧场，周总理看完后评价说：

"两个红嫂各有特色。张春秋饰演的红嫂端庄大方，很有大家闺秀的气派；杨淑萍饰演的红嫂有生活，有沂蒙山人民的朴实。两个红嫂要互相学习。"

演员们得到总理的鼓励后更加兴奋，剧团也根据总理提出的意见和建议反复修改剧本、排练。每修改一次，总理都会看一遍。看完后又同剧团座谈，再推敲人物及唱腔，剧团再修改再排练。这样反反复复四五次，直到去北戴河向毛泽东主席汇报演出。

1964年8月12日，经周总理推荐，《红嫂》剧组在北戴河中直机关礼堂为毛泽东、朱德等中央领导演出。毛主席在观看过程中频频点头，十分赞赏，作出了"声情并茂、玲珑剔透"的高度评价。演出结束后还上台接见了剧组演职人员，与他们亲切握手。后来在座谈会上，毛主席说：

"这次山东带来两个好戏，我看了很高兴。《红嫂》这出戏是军民鱼水情的戏，演得很好，要拍成电影，教育更多的人做共和国的新红嫂。"

现代京剧《红嫂》进京演出使得淄博享誉全国，而红嫂的精神也教育和鼓舞着一代又一代人。

26. "泰山车"

文物名称："泰山车"

收藏地点：淄川区太河水库艰苦奋斗纪念馆

　　这是在淄川区太河水库艰苦奋斗纪念馆展出的一辆小推车，车的整体为铁结构，独轮，带两个车篓。车篓中间还能放一块木板，这么做的奥妙就在于两个车篓装满土后，放上木板，上面还能继续堆土，直到堆成上面尖、下面粗的山形。正是因为这样聪明的改造，一个小推车就能装载两车的土，据推算能有八百到一千多斤重。这种小推车，也因为装满山形的土堆而有了一个响当当的名字——"泰山车"。"泰山车"正是因修建太河水库而名扬天下。

　　水是生命之源。除了人日常饮用外，灌溉庄稼、冶炼工业等，都能发挥到重要作用。大河孕育了文明，但大河同样喜怒无常，洪涝改道等都会对沿岸百姓的生活甚至生命带来很大的打击。所以，治水在中国古代是很重要的事，也涌现出来很多治水名人、工程等。淄博境内就有这么一条重要的大河，那就是淄河。

"淄河嵧，淄河嵧，穷山恶水尽石头。

十年九旱八不收，一年收成吃半秋。

早上菜，中午糠，晚上稀饭照月亮。

不要饭，就逃荒，从来没穿新衣裳。"

这是新中国成立初，流传在淄河沿岸的一段民谣。里面又不少方言色彩和白话内容，朴实的句子正是当时人民颠沛流离、苦难生活的写照。到了 20 世纪 50 年代末，山东省决定通过根治淄河、改山治水的方法改变这种情况，以造福当地人民。在经过省、市专业技术人员的勘测、论证，一致认为太河地区的地质条件好，可以在金鸡山下建拦河大坝，建设太河地区的水库。这样既能保护下游的黑旺铁矿，减少开矿的排水量，又能灌溉下游 40 万亩土地，甚至解决淄川、张店、临淄部分干旱地区的用水问题。同时泄洪调洪、根除洪涝，可谓一举多得。

经过几个月的筹建后，1960 年 2 月，寒冬未过，淄河滩上却热火朝天。太河水库的建设拉开了序幕。由于条件困难，1961 年 2 月，太河水库的建设被暂停了。

五年以后，在山东省计委的批准下，太河水库的续建工程开始动工。1966 年 11 月 5 日，集合不到一周的 4000 人民兵队伍，在党员的带领下，再次投入到生命之源的大战中。不过到 1968 年，受"文化大革命"的影响，水库建设指挥部只剩下一个空架子，大坝建设再次进入瘫痪状态，这是太河水库建设的又一次"一上一下"。

党的"九大"召开以后，1970 年 5 月，淄博市决定加快太河水库建设。这一次，来自淄川、张店、临淄、周村、博山 5 个区总共近 2 万多人的队伍，在淄博的生命之源上，开启了大会战。这场大会战，迄今为止依然是淄博历史上最大的一项人力工程。因为当时没有挖掘机和大卡车，只有同志们的双手和"泰山车"。

"泰山车"装土多，但土堆得越高就越挡视线，车就很难掌握平衡，这不仅需要很大的力气，也需要很高的技巧。当时淄川区民兵团罗村营

"生命之源"太河水库大会战（油画）

的教导员刘建业一次能推近一吨重的土，他不仅发明了"泰山车"，还把方法和技巧教给大家，各连队纷纷仿效，掀起了一股比着干的热潮。姑娘们也不甘落后，有个叫李志华的姑娘每天都推着"泰山车"跑在队伍最前边，她每天都要跑20趟，加起来有40多公里，被大家伙称作"铁姑娘"。她所带领的"娘子军连"也被誉为"红色娘子军连"。

在大家的努力下，"泰山车"像蚂蚁搬山一样夜以继日在工地上飞驰。等到大坝地基回填完毕时，"泰山车"一共回填了土方22.9万立方米，搬运了土石14万立方米。而这，仅用了50天的时间。

当时，建设者们每人每天一斤半粮食，用补助的四角钱买完粮食之后，剩下的只能喝青菜汤、啃咸菜。虽然条件十分艰苦，但民兵们充满激情，不计报酬，不讲条件，让大坝一天天不断加高。

到了1972年9月，大坝原设计的第一期工程完成了。1976年7月13日，太河水库总干渠竣工，开始发挥效益。1978年3月1日，太河水库一干渠建成通水。1979年7月，大坝保安工程基本竣工。直到20世纪90年代初，太河水库主体工程和灌区配套工程全部完工。

回顾整个过程，太河水库大坝建设历时20年，共有10万余人参加。解放军和淄博近百个厂矿企事业单位直接提供人力、物力、技术、机械设备，支援工程建设，共填土、砂、石料895万立方米，用工1700万个。在这个过程中，参加会战的人员付出了艰辛的努力和牺牲。但历史证明，这一切都值得。如今，太河水库控制流域面积达到了780平方千米，总库容有1.818亿立方米，依然是淄博蓄水量最大的水库，在水资源与生态环境保护、防洪安全、农业灌溉、饮用水安全体系等方面仍旧发挥着不可替代的巨大作用，对全市工农业生产有着重要影响。

在"自力更生、艰苦奋斗、战天斗地、无私奉献"的太河水库精神鼓舞下，太河水库的建设者们创造出了一个又一个水利建设史上的奇迹，在这里，见证了一个又一个水利建设的"第一"，"水利明珠"名副其实，实至名归。而当初"斩断淄河水，劈开金鸡山，改变山河旧面貌，开出万代幸福泉"的誓言也同样变成了现实。

27. 有关周村股份制改革的报纸

文物名称：有关周村股份制改革的报纸

收藏地点：淄博历史展览馆

20世纪80年代初，改革开放的春风吹到了淄博。农村改革不能被动地靠等来解决问题，村民们也都积极响应号召"分家"——当时土地主要实行的是家庭承包，包产到户的"大包干"方式意味着之前的集体资产也得分割。

刚开始，村里分锄、铲等农具，这些家家户户的都有的常见易耗品，分起来都很顺利。后来，村里把集体所有的20多头耕牛分下去，平均几户人家分得一头。分的时候大家也没疑问，因为平均分配也很公平。但是分完就有问题了：这一头牛是几家共有的财物，谁来养？谁先用谁后用？面对这些问题，村民们解决得也很干脆，大家把牛又送到了屠宰厂，杀了牛吃肉卖肉，快刀斩乱麻，为的就是防止将来扯不清。

这可疼坏了当时周村公社长行大队的队长张中兴，毕竟，这些牛可是耕地的主力军。不仅如此，老张知道还有块大肉：1974 年他任长行大队工业办主任时，村里只有一台 35 马力的手扶拖拉机，而到"大包干"的时候，村里则发展到一共有农机修理厂、家具厂、面粉厂、建筑队、日工化工厂等大大小小 9 个企业，全村集体固定资产也达到了 300 多万元。

这些老底该怎么分呢？有些村民给老张出主意：

"干脆把厂房扒了分砖，把机器拆零散了卖废铁。"

老张一听就不干了，"你们想想，一台机器本来价值 10000 元，拆零散了 5000 元都不值，而且厂子没了，都得回家种地去。"

但是不分也不行，当时胶州一县委书记因联产承包责任制推行不力被撤职，集体财产分割到户是大势所趋。既要让农民得到发展和实惠，保住乡镇企业，又不能让集体财产受到大的"贬值"。老张他们把敢想敢做的革命精神发挥到了极致，探索前人没有走过的路：长行村党支部和村民经过多次研究反复开会，将大队、生产队两级的集体资产，包括农业和企业资产，大到拖拉机、小到锄铲笤帚，都进行清产核资，折股到户，还权于民，还利于众，按照股份经济特点进行管理。

从 1982 年底到 1983 年底，长行村 2000 多人经过多次争论，一份《股份条例》的章程终于在 1984 年初，以周村长行农工商联合公司的名义张榜公布。没想到，这份还没有消除错别字的条例，成为中国农村有史以来第一个比较完整的股份合作制经济形式的章程。张中兴的名字和这份《股份制条例》还被收入《中国农村经济年鉴》。

条例的内容是这样的（错别字在中括号内更正）：

股分［份］条例（折股1984年）

为了还权于民，还利于众，充实、完善合作经济，我公司决定将1964年至1983年，共计20年之集体积累按股份分配到劳户，股分［份］条例规定如下：

一、坚持社会主义分配原则，多劳多得，少劳少得，谁创造谁所有。

二、分股计令［龄］时间：自1964年1月1日至1983年12月31日（以下简称计龄时间），共计20年。

三、队股金的分派，以原生产队社员为基础分股到户，有外欠款和国家贷款的生产队，其财产作价抵消外欠款和国家贷款之后，将剩余部分分股到劳户。若生产队全部财产尚不能抵消外欠款和国家贷款，应有［由］公司股份中减股。

公司股金的分配以全公司社员为基础分股到户。

四、享受分股的原则：

①本公司之社员，在计令［龄］时间内，年满十六周岁从事集体劳动者和在校学生，均可享受生产队和公司的股金分配。

②计令［龄］时间内，现役军人服役期间，一年顶两年计令［龄］分股。

③公社批准的大队干部，原生产正队长和工厂的正厂长只要连续任职五年可另加分股年令［龄］一年。

④计令［龄］时间内，若触犯国家法律者，判刑在押期间不能享受分股，其间戴帽在队劳动者，可享受分股。

⑤计令［龄］时间内，死亡或迁出本公司者，不再享受分股。

⑥计令［龄］时间内，给集体造成千元以上损失者，应扣三年分股年令［龄］。

⑦计令［龄］时间内，从事个体经营的时间，不能享受分股。

五、凡有股分［份］者，每年可从公司分得应有的股息，不准退股。

六、授社员股份的单位，如因企业经营亏损，其损失应由本单位负责，由在厂干部、职工从分公司分得的股金中扣除亏损部分。

七、股金分配后死亡者，户口在本公司之子女可代代继承。

八、企业税后的集体扣留部分，经公司核实，本单位在厂职工可增加股份。

九、股分〔份〕证明，每户一册，妥善保管，丢失不补。

通过清产核资、资产评估后，长行村把251.5万元集体资产按照20年的工分账计算到劳力、发证到户，每股面值160元。通过折股、扩股、招股、合股经营，按股分红，形成了企业、职工、村民共有的新型财产权属关系。而短短的700多字的条例，几乎考虑到了村里所有人的利益，股份合作制的成效自然是挡也挡不住的。

长行村村办企业得到了迅速全面发展，集体经济积累连年翻番，农民收入大幅提高，三年之后，长行村成为淄博市第一个"亿元村"。在此后的十多年内，长行村的青年姑娘几乎没有愿意往外嫁的，反而有好多外村小伙子过来"倒插门"。

股份合作这种创新的经济形式一经出现，很快得到社会各界的广泛关注。周村区的许多乡村也纷纷仿效长行村，而且渗透到了乡镇企业，这场由长行村开始的股份合作制改革烧遍了整个周村区。从1984年到1986年底，周村区就自发产生了305家各种形式的股份合作制企业。

1987年6月，周村区被省委、省政府确定为全省农村改革试验区，各类股份合作制企业达到了331家，为全省股份制经济发展和改革试验奠定了坚实基础。

1988年4月，国务院批准周村区为全国农村改革试验区。其后，国家体改委又批准淄博市为国家体改委股份制试点联系城市，拉开了全国股份制改革的序幕，为全国的改革提供了重要经验。

经过试验探索，周村股份合作制改革取得明显成效，到1990年底，周村区股份合作制企业达800多家，被全国专家组称为"继家庭联产承包责任制后、农村产权制度领域内的又一次深刻变革"。股份合作制从乡镇企业发展到一、三产业，成为农村经济的重要组织形式，辐射到全省、全国，被誉为"南有温州，北有周村"，形成了著名的"周村现象"。

28. 朱彦夫日记手稿

文物名称：朱彦夫日记手稿

收藏地点：中国国家博物馆

这是淄博沂源的时代楷模朱彦夫用残肢一笔一画写下的日记手稿。这件珍贵的淄博革命文物现已被中国国家博物馆珍藏。

"雷锋说：'人的生命是有限的，为人民服务是无限的。'这是千真万确的真理。雷锋用伟大毛泽东思想武装了自己，并以英雄的业绩证明了自己是无限忠于人民的革命战士。

雷锋能做的，我也能做，也应该做，因为我也是人民的革命战士。"

这是朱彦夫在日记里写下的原话，虽然字迹并不工整，但笔画之间却写出了坚定的红色信念。如今，这本朱彦夫亲笔写下的日记手稿原件，已经被中国国家博物馆永久收藏。当我们读过朱彦夫的故事之后，也就不难理解他为什么会在日记里发出如此坚定的呐喊。

时光回到 1950 年的抗美援朝战场，当时已近 12 月，就如同电影里的画面那样，朝鲜的冬天冷到彻骨。长津湖畔，战士们要面对的不仅是装备精良的敌人，还有零下 30 摄氏度的严寒。

还不够十八岁的朱彦夫已经是名入伍三年的老兵了。那时他所在的连队接到任务，要抢占"二五〇"高地，全力阻击敌人进攻。战场一片炮火轰鸣，连队的战友一个个倒下，可当朱彦夫换上子弹夹，准备以命相抵时，眼前却有一片火光闪过……在冰天雪地里昏睡了不知多久的朱彦夫，幸运地被兄弟部队发现。全连伤亡殆尽，仅有他一人生还，在昏迷了 93 天后，医生先后通过 47 次手术，救活了这个小伙子。对于朱彦夫来说，这是件幸运的事还是不幸呢？他虽然活了下来，但由于冻伤严重，双手以及膝盖以下都只能被截去。不只是没有四肢，他的左眼也已被弹片炸飞，右眼视力只有 0.3。用朱彦夫自己的话说，当时镜子里的自己活脱脱就像个"肉辘轳"。

国家和人民当然不会忘记这样的一位英雄，朱彦夫的后半辈子，国家包了！但是面对荣军休养院的特殊待遇，朱彦夫却不愿意躺在功劳簿上等人喂饭、让人伺候，四年之后，已经忘记怎样走路的朱彦夫决定"燃烧自己"，迈出了人生中令人震惊的一步——主动要求回到故乡山东省沂源县张家泉村——他要回到自己的家乡，因为乡亲们还在过苦日子。

回到家乡后的朱彦夫，靠着一股子不服输的红色韧劲儿和毅力，生活基本可以自理了。他没有忘记自己入党时许下的诺言，并且发誓要让家乡的老百姓过上好日子。大家也都很信任他，并没有因为他是残疾人而另眼看待。一年后的 1957 年秋天，张家泉村选举村干部，朱彦夫被全村 8 名党员推选为村党支部书记。

可是，张家泉村地处偏远山区，发展困难。"迈步脚蹬山，出门眼朝天"。这对没脚没手的朱彦夫而言，上山下山都成了难事。他不知摔倒多少次，残臂断腿摔得鲜血淋漓。他自己曾总结了四种走法：站着走、跪着走、爬着走、滚着走。而他最喜欢的就是滚着走，因为这样速度最快。不过这样也是损失最大的，经常磕得头破血流。就这样，带着 17 斤重的铁腿，朱彦夫硬是"走"遍了村里的每一座山头、每一条山沟，发誓要把张家泉村发展成"山顶松树戴帽，山下林果缠腰"的小康村。

他拿出自己的抚恤金，建起了全公社第一个农村图书室；他亲自担任老师，办起了夜校，帮助村民提高文化素质。当时只有500多人的小村庄，竟有100多人学会了写信、看书、算账，有的还当上了生产队会计。

张家泉村严重缺水，不仅浇地缺水，村民生活用水也十分困难。直到20世纪60年代中后期，村民还得到邻村去挑水。水的问题，成了村庄发展的最大瓶颈。朱彦夫多方请教水利专家后，决定在村南开挖大口井。1973年冬，在打井的最关键时刻，朱彦夫不顾阻拦下到井底，与大家一起参加劳动。数九严寒，断肢磨破流出的血水和井底的泥水混在一起，竟把他的假腿和断肢冻在了一起。就这样，全村苦干了半年，一条深6米、东西宽24米、南北长33米的大口井终于竣工了。

后来，朱彦夫又带领村民们相继打出几眼大口井和深水井，几百亩坡地有了水，全村小麦亩产从300斤提高到600斤。张家泉村一跃成为全县第一个有拖拉机、最早平均亩产过600斤、最早实现水浇田过半、全乡最早通上电的村庄。直到今天，当年种下的苹果园和花椒园，仍为村民们带来可观的收入。

担任村党支部书记25年来，失去双手的他，把老百姓的事情一件件做实；没有双脚的他，带领老百姓蹚出一条脱贫新路。村民张树增家人口多，粮食不够吃，朱彦夫马上让他把自己的粮食挑回一担。薛文花老人年逾古稀，生活困难，朱彦夫隔三差五就去看她，把自己的挂面、茶叶送去。见老人的房顶漏雨，朱彦夫吩咐家人，把自己家准备修房子的麦秸送去，并组织人修好。村民王忠兰得了肝炎，孩子照顾不方便，朱彦夫就经常让妻子做好饭菜送到她的家里，有时连盛饭菜的碗也一起放下了，时间长了家里的碗都不够用了，他就让妻子用煎饼包着饭菜继续送。

朱彦夫当村书记期间，出出进进为村子里办事，从来没有在村子里

"人民楷模"朱彦夫（油画）

报销过一分钱，帮村子看水利的、架电的上级来人，都是他自己掏钱在家招待。25 年来，他不仅没有在生活待遇上向组织伸过手，而且多次谢绝组织的照顾，主动用自己微薄的抚恤金为集体办事情、接济困难群众……他心里时刻装着的是村里的发展、村民的冷暖。

2020 年疫情期间，朱彦夫委托大女儿朱向华来到沂源县红十字会，将自己节省出来的一万元捐出来用来抗击疫情，并亲手写下"我们一定胜利"，表达他对疫区人民的关心与鼓励。

退休时，朱彦夫已经 50 岁了。知天命的年纪，他并没有忘记朝鲜战场上连指导员高新坡牺牲前的最后叮嘱：

"你一定要记住，一个连的消亡，在战争史上可能不算什么，可你要想法儿把这壮举记录下来，告诉后人，我们死也瞑目了！"

为了不辜负战友的嘱托，也为了把红色的精神代代相传，朱彦夫下决心把自己的亲身经历写出来。

可是，他哪能像正常人一样写字啊？手没有了，视力也不好，还不太认识字。

可是这并没有难住朱彦夫。没有手，他就用嘴衔笔、用残臂夹笔；不会写，就翻字典、看名著。靠着仅有的 0.3 的右眼，他翻烂了 4 本字典，读过 100 多本中外名著。"衔笔跪书""断臂抱书""绑笔腕书"，朱彦夫尝试了各种姿势，终于把拳头大的字写进了小小的方格纸中。

儿子朱向峰说："我们姊妹们看到父亲写作很艰难，想让父亲口述，我们来记录，但父亲坚决不肯。他说，那样少了他自己的思考空间，表达不出他自己的内心真实感情。"

整整 7 年之后，朱彦夫用 500 多支笔与近千斤稿纸的努力，终于在 1996 年 7 月出版了 33 万字的自传体长篇小说《极限人生》。时任中央军委副主席、国防部长迟浩田亲笔题写书名并题词："铁骨扬正气，热血书春秋。"

1996 年 11 月 1 日，在一次传统教育报告会上，朱彦夫突发脑中风倒在了讲台上。病情好转后，朱彦夫靠着尚能活动的左臂坚持写作，有时实在写不动，就口述着让儿女代写，经过两年多的艰辛努力，又创作完成了 24 万字的长篇自传体小说《男儿无悔》。

这两部书出版后，在社会上产生了巨大的反响。俄罗斯《真理报》记者安·克鲁申斯基曾写道：

"这两个不同国家、不同时代的英雄人物的生平，似乎是平行地发展着，甚至'中国的保尔'更有过之。"

2014 年，朱彦夫成为全国首位"时代楷模"，还被授予"全国优秀共产党员""全国道德模范""全国自强模范""最美奋斗者"等荣誉称号。

2019 年 9 月 17 日，国家主席习近平签署主席令，授予朱彦夫"人民楷模"国家荣誉称号。

2021 年，感动中国年度人物再次把奖颁给了这位可敬的老英雄。正如同颁奖词所说的那样：

"生命于你不止一次，士兵于你不止是经历，没有屈服长津湖的冰雪，也没有向困苦低头。与自己抗争，向贫穷宣战，一直在战斗，一生都在坚守，人的生命应当像你这样度过。"